부자가 되는 100가지 좋은습관

CC★CC

THE SUCCESSFUL PRACTICE STARTS TOMORROW

부자가 되는 100가지 좋은 습관

요시카와 나미 지음 / 강성욱 옮김

경성라인

Contents

풍요롭고 눈부신 삶을 살기 위한 머리말

재물운은 부자의 자격을 갖춘 자를 찾는다.

돈은 풍요로운 성격과 화학반응을 일으켜 배로 불어난다.

당신은 지금까지 부자가 되기 위해 갖은 노력을 해왔을 것이다.

그런데 지금 자신에게 물어보라.

아침부터 저녁까지 뼈 빠지게 일하고, 그것도 모자라 날마다 야근을 하고 있지 않는가?

· 휴일도 없이 일하고 있지 않는가?

· 푼돈을 벌기 위해 회사 몰래 투잡을 하지 않는가?

· 남몰래 복권을 사지는 않는가?

· "더 이상은 못 해!" 하고 비명을 지를 정도로 심신을 혹사하고 있지 않는가?

그런데 왜 이번 달에도 주머니 사정이 여의치 않은 걸까?

왜 항상 돈에 쩔쩔매며 살아야 하는 걸까?

이는 열심히 땀 흘려 일하는 것만이 부자가 되는 유일한 방법이라고 생각하기 때문이다. 하지만 세상사가 꼭 그렇지만은 않다!

부자가 되고 싶다면 먼저 부자의 마음을 가져라.

열심히 일하는 사람이 반드시 부자가 된다면 가난한 사람을 찾기 힘들 것이다. 왜냐하면 우리 대부분은 근면하고 성실하게 일하기 때문이다.

사실 나는 과거에 쓰리잡을 하던 시기가 있었다. 그런데 그때는 지금보다 생활이 훨씬 더 궁핍했다. 그래서 항상 이렇게 고민했다.

"나는 왜 이렇게 가난한 것일까?

하지만 부자가 되겠다고 마음을 먹고 거기에 온 정신을 집중하자. 내게 귀한 분들이 나타났다. 즉 그들은 부자가 되는 방법을 아는 사람들이었다.

그들은 말할 것도 없이 모두 부자였다. 태어날 때부터 부자였던 사람도 있었고, 밑바닥부터 시작해서 부자가 된 사람도 있었다. 그중에는 평범한 샐러리맨이다가 어느 날 갑자기 벼락부자가 된 사람도 있었다.

단 그들에게는 공통점이 있었다. 그것은 부자의 마음가짐을 잘 알고 있었다는 점이다. 그들은 보통 사람들과 다른 사고방식을 갖고 있었다. 매일 돈 때문에 쩔쩔매는 사람들과는 생각 자체가 달랐다.

나도 그들을 처음 만났을 때는 '이 사람들은 부자니까 이런 생각을 할 수 있겠지' 하고 생각했다. 하지만 그들의 이야기를 잘 들어보면, 그들은 금전적으로 부유

하지 않을 때도 남다른 사고방식을 갖고 있었다.

자, 그렇다면 지금부터 부자의 마음가짐이란 어떤 것인지, 당신에게 100가지의 테마로 소개하도록 하겠다.

이 100가지 테마 중에는 당신이 바로 고개를 끄떡일만한 것도 있겠지만, '이런 하찮은 것으로 부자가 될 수 있겠어?' 라며 의아해할 만한 것도 있을 것이다.

그중에서 당신이 즐기면서 실천해보고 싶은 것이 있다면, 적극적으로 활용해 보기 바란다. 사고방식, 행동 어느 것이라도 좋다.

스스로 실천하다 보면 그것이 왜 부자가 되는데 도움이 되는지 자연히 알게 될 것이다.

부자가 되는 방법 중에는 아주 사소한 일이 계기가 되어 큰 성공을 불러오는 경우가 있다. 그러니 마치 게

임을 하듯 즐기면서 자신만의 방법으로 활용하기 바란다. 그러다 보면 틀림없이 콧노래가 절로 날 정도로 금전운이 상승할 것이다. 그리고 곧 당신의 눈앞에 풍요로운 인생이 펼쳐질 것이다.

나는 부자의 마음을 알게 된 후
원하는 부를 생각보다 빨리 실현할 수 있었다!
그것은 바로
내가 원하는 일을 즐기면서 하는 것이었다!

1장

재물을 부르는 금전운 실천법

부르는 만큼 굴러들어 온다!
돈은 절대 나 몰라라 하지 않는다.

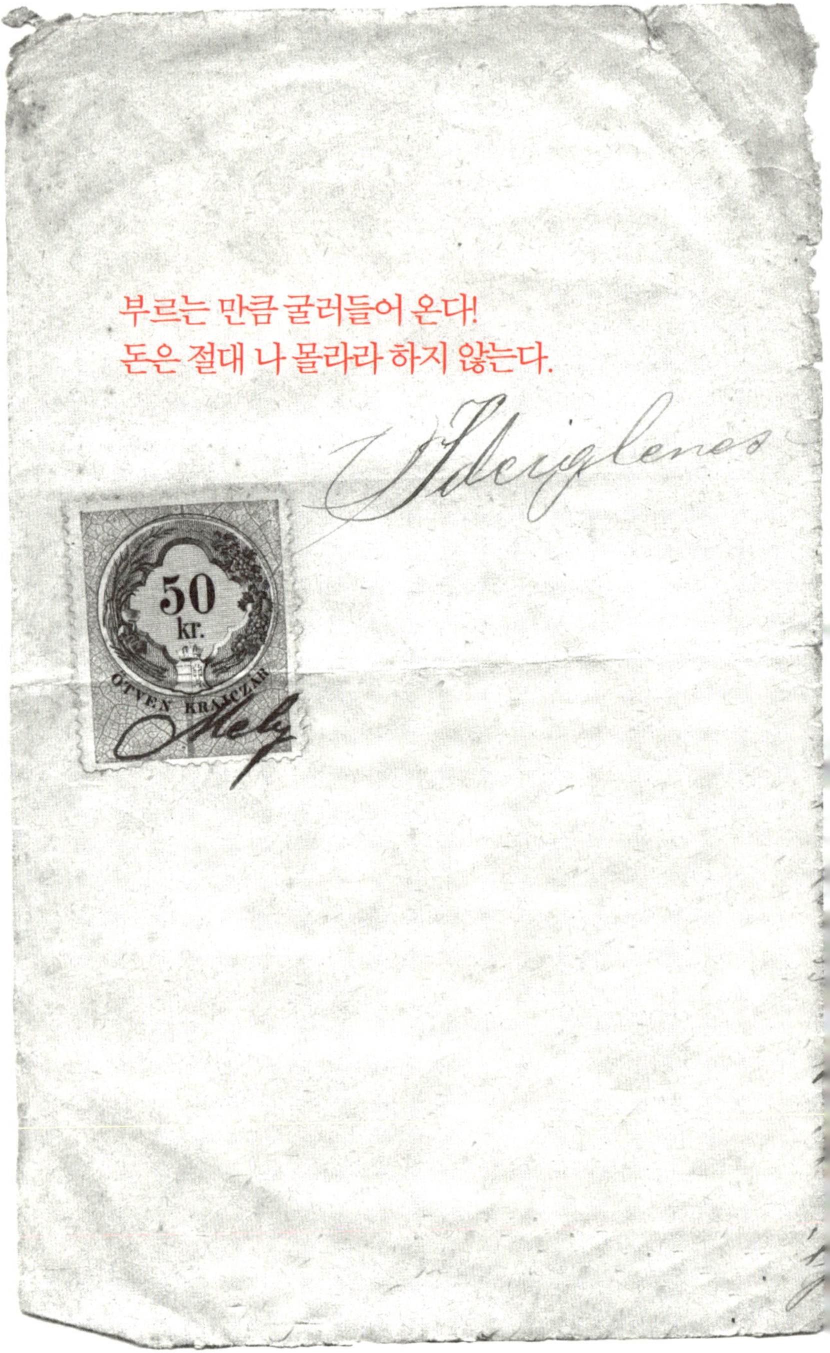

1.

스스로가 눈부신 존재가 되어라

복신(福神), 행운의 여신은 반짝이는 곳을 찾아온다.

신은 밝고, 명랑하고, 화려한 곳, 그리고 즐겁고, 희망이 가득 찬 빛을 향해 다가온다.

빛은 귀신을 쫓아내고 액을 막아준다. 즉 신의 의지를 방해하는 것을 일거에 물리쳐 버린다.

빛은 어떤 상황에서든 당신을 지켜주기 위해 강력한 힘을 발휘한다.

우선 머리와 얼굴에서 윤기가 나도록 자신을 가꾸고 가급적 긍정적인 말을 쓰도록 하자. 또 명랑하게 행동하자. 그런 당신에게서 발산되는 빛이 당신의 삶을 보다 풍요롭게 해줄 것이다.

사람들은 처음 보는 순간 빛을 발산하는 눈부신 사람에게 몰려들기 마련이다.

그 인연이 쌓이고 쌓이면 행운과 금전운, 성공을 불러온다.

빛은 우주의 무한한 보물창고를 가득 채우는 요소이기 때문이다.

2.

금빛 찬란한 생활을 하라

예나 지금이나 금(金)은 사람들의 선망의 대상이다.

또 중국에서는 예로부터 "돈은 금빛을 띠는 것에 몰린다."는 말이 있다. 그 때문인지 중국의 부호들은 앞다투어 가구와 인테리어, 장식품에 금을 썼다.

금을 곁에 두면 금기(金氣: 재복을 부르고 번영하게 하는 돈의 기운)가 번성해져, 돈이 몰려온다.

지금부터 금을 사용한 액세서리를 착용하거나 인테리어 소품을 늘려보자. 특히 금 귀걸이는 금전운을 상승시키는데 아주 탁월한 효과가 있다.

부잣집 사모님들을 보면 대부분 금 귀걸이를 하고 있다.

귀는 얼굴에서 돈을 상징하는 부위이다. 그러니 금귀걸이를 착용하면 금전운을 상승시키는 기운이 더욱 강력해질 것이다.

3.

긍정적인 말을 써라

가급적이면 긍정적인 말을 쓰도록 하자. 그럼 당신에게 풍요로운 삶이 펼쳐질 것이다.

말은 음(音)이라는 울림이 되어 당신을 감싸고 있는 에너지에 지대한 영향을 미친다.

빈곤한 말을 쓰면 빈곤한 울림이 되어 빈곤한 현상을 낳고, 반대로 풍요로운 말을 쓰면 풍요로운 울림이 풍요로운 현상을 낳는다.

우선 평소에 이런 말을 쓰지 않도록 주의하기 바란다.

"돈이 없어."

"정말 못 해 먹겠다."

"정말 못살겠어."

"월급이 쥐꼬리만 해."

"돈 때문에 너무 힘들어."

"난 왜 이 모양 이 꼴로 살아야 하는 거야?"

그 대신에 이런 말을 쓰도록 하자.

"필요한 돈은 들어온다."

"괜찮아. 돈 문제는 어떻게든 해결될 거야."

"난 참 복이 많아."

"이만하면 풍족하지."

"돈은 넉넉해."

실제로 소리 내어 말해보면 알겠지만 부정적인 말은 사람을 우울하게 만들고 맥빠지게 한다.

반대로 긍정적인 말은 매우 긍정적인 기분이 들게 해 힘을 북돋아준다.

이처럼 말은 눈에 보이지 않는 에너지가 되어 당신을 둘러싼 모든 현상을 빚어낸다.

그러니 부유한 삶을 누리고 싶다면, 우선 풍요로운 말을 쓰도록 하자.

4.

부자가 된다는 믿음을 가져라

부자들은 자기도 모르게 이런 믿음을 갖고 있다.

'나는 타고나길 복이 많다.'

'나는 부유한 삶을 누릴 가치가 있다.'

부자들은 절대 자신을 비하하거나 남들과 비교하지 않는다. 물론 빈곤한 의식도 전혀 갖고 있지 않다.

그들은 아주 당연하게 풍요로운 말을 쓰고 행동을 한다. 그것이 결국 그들에게 풍요로운 환경을 가져다주며, 그 결과 돈과 모든 면에서 풍족한 삶을 누릴 수 있게 되는 것이다.

확고한 신념은 언제나 그에 걸맞은 현실을 가져다준다는 점을 잊지 말기 바란다.

5.

좋은 지갑을 마련하라

지갑은 돈이 들어가 사는 집이다. 그러니 그 집을 소중히 다뤄줘야 한다. 그럼 돈이 편안함을 느껴 밖으로 나가려 하지 않고 점점 쌓이게 된다.

'슬슬 좋은 지갑을 살까.'

혹시 이런 생각이 들기 시작했다면 그것은 당신의 금전운이 상승하기 시작했다는 신호이다!

사람은 금전운이 상승하면 돈과 관련된 아주 사소한 일부터 기쁨을 쟁취하기 위한 행동에 나선다.

가능한 지금 갖고 있는 지갑보다 훨씬 좋은 지갑을 구입하자. 그럼 돈은 당신에게 새로운 가치관과 보다 큰돈을 안겨줄 것이다.

6.

지폐를 같은 방향으로 가지런히 맞춰둬라

지갑 안에 넣을 지폐를 같은 방향으로 맞추거나 지갑 속을 깨끗하게 청소해야 한다. 그럼 금전운이 순식간에 상승할 것이다.

소위 장사가 잘되는 가게나 부유층이 많이 찾는 명품 매장에 가보면 계산대 안은 물론 거스름돈을 줄 때도 돈을 가지런히 잘 맞춰서 준다. 그럼 보기에도 아주 좋아 받는 이도 기분이 좋아진다.

돈은 자신을 난잡하게 다루면 아주 불쾌해한다. 그럼 좋을 리가 없다.

오늘부터 돈을 같은 방향으로 잘 맞춰보자. 그럼 돈

의 기운은 그 깨끗한 상태에서 편안함을 느껴 더욱 활발하게 생성될 것이다. 그렇다면 당신의 지갑 속 금전운도 나날이 상승할 것이다.

7.

지갑 안에 씨돈을 심어둬라

지갑 안에 끝번호가 9인 지폐를 씨돈으로 심어두면 돈이 점점 불어난다.

씨돈이란 "절대 쓰지 않고 부적처럼 항상 지갑 속에 넣어두는 돈"을 말한다.

또한 갑자기 들어온 생각지도 않은 돈을 씨돈으로 지갑이나 금고 안에 넣어두는 것도 금전운을 상승시키는 비법 중 하나이다.

8.

씨돈에는 절대 손대지 말라

지갑 속에 씨돈이 있다면 지갑이 텅 빌 일은 없다. 그럼 '내 수중에 돈이 있다.'는 생각에 마음이 편안해질 것이다. 마음이 편안해지면 금전사정도 전반적으로 평화로워진다.

이것은 지갑 속에 심어둔 잠재의식이 주는 마법과 같은 힘이다.

그러니 씨돈에는 절대 손을 대지 않도록 하자.

씨돈은 새로운 부, 즉 돈을 부르는 기운을 갖고 있다. 그리고 나에게 돈이 이만큼 있다는 심적 여유를 갖게 해준다.

9.

금전운을 부르는 방향을 깨끗이 청소하라

풍수(風水)에서는 지저분한 집에는 돈이 들어오지 않는다고 한다.

오염된 기운은 무언가를 불리는 풍요로움이 부족하기 때문이다.

집 청소를 할 때도 금전운을 상승시키는 요령이 있으니, 오늘부터 실천해보기 바란다.

돈을 부르는 방향인 서향, 돈을 쌓는 북향, 금전사정을 크게 변화시키는 동북향을 철저하게 청소하는 것이 바로 그 비법이다.

그리고 집의 수호신이 있는 사방의 귀퉁이에 먼지가

쌓였다면 깨끗이 치우자. 그러면 깨끗한 바람이 잘 통할 것이다. 통풍이 잘되도록 신경을 쓰면 그 집에 금전운을 가져다줄 귀인이 나타나거나 집안을 번영하게 할 사건이 일어난다.

10.

물이 지나는 길을 청소하라

집에서 물을 쓰는 곳으로는 주방이나 욕실 세면대, 욕조, 변기 등을 들 수 있다. 그런데 이런 곳이 막히면 그 집에 살고 있는 사람의 금전운이 탁해지고 침체되기 시작한다.

집 안의 어디가 막히는가에 따라 영향을 받는 금전 사정은 제각기 다르다.

예를 들어 변기가 더러워 잘 막히면 그 집에 들어올 돈(그것도 식구들을 먹여 살릴 주수입원)이 피해를 입는다.

또 주방의 배수구가 막혀 물이 잘 빠지지 않을 때에는 예기치 못한 일로 나가는 돈이 늘어난다. 그리고 욕조의 물이 잘 빠지지 않으면 가족의 건강과 관련된 일로 지출이 늘어난다.

또 세면대가 막히면 대인관계로 인해 돈이 줄줄 새어나간다.

이렇듯 물과 금전운은 매우 밀접하게 연관되어 있다. 그러니 항상 깨끗하게 관리해 물이 시원하게 빠지도록 하는 것이 중요하다.

물이 시원하게 잘 빠져나가면 그것은 즉시 돈이 들어오는 흐름으로 바뀔 것이다.

11.

몸의 기가
잘 순환되도록 하라

몸의 기(氣)가 막힘없이 잘 순환되도록 하기 위해서는 어느 부위가 좋지 않은지 항상 체크해야 한다. 그리고 불편한 부위를 편안하게 해주면 기가 막힘없이 잘 돌게 된다

몸의 기는 물과 마찬가지로, 돈이 들어오고 나가는 기운과 반응한다.

어깨가 결리고 피로가 쌓인 것 같다면 지금 하고 있는 일이나 원치 않는 잡일을 줄여야 한다. 너무 힘에 부치는 일을 하다 보면 어깨가 짓누르듯 아플 것이다. 그것은 빨리 짐을 내려달라는 신호이다.

감당하지 못할 일을 잔뜩 끌어안고 있으면 돈을 만

드는 기운이 점차 달아날 수 있기 때문이다.

또 목이나 머리에 피로를 느낀다면 쓸데없는 교제나 지출이 늘어났다는 증거이다. 그러니 지갑을 꼭 닫아 돈 쓸 일을 되도록 피하는 것이 좋다.

다리나 허리가 피곤하다면 별 보람 없는 일이나 원치 않는 일을 많이 하고 있다는 신호이다. 이런 상태로는 충분히 떠올릴 수 있는 참신한 아이디어도 잘 떠오르지 않기 때문에 결국 벌 수 있는 돈도 놓치게 된다.

자기 몸 중 어느 부위가 다른 곳보다 뻐근하고 아프다고 느꼈을 때에는 가급적 심신을 편히 쉬게 하는 것이 좋다. 그리고 무리가 생기는 원인을 되도록 피하기 바란다.

심신이 편안해져서 마음이 안정되고 몸이 기로 충만해진다면, 머지않아 금전적인 풍요로움은 다시 당신을 찾아올 것이다.

12.

활기차게 걸어라

몸속이 양질의 기로 가득 차게 되면, 그 기는 당신을 풍요로움으로 인도해줄 것이다.

몸 구석구석 양질의 에너지가 잘 뻗어나가도록 하기 위해서는 신진대사를 촉진시키는 유산소 운동이 가장 효과적이다.

유산소 운동을 할 때에는 우선 등을 꼿꼿이 펴서 발끝부터 에너지가 잘 활성화되도록 해야 한다. 야외를 씩씩하게 걸어 다니는 것만으로도 효과를 톡톡히 볼 수 있다!

이는 에너지라는 것이 원래 발에서 꼬리뼈를 통해 등뼈로 전달된 후, 오른쪽 방향으로 나선을 그리면서 머리끝까지 상승하기 때문이다.

오늘부터 활기차게, 씩씩하게 걸어보자. 그것만으로도 체내 에너지가 활성화되어 의욕이 충만해질 것이다. 그리고 그 의욕은 이로운 것을 쉽게 얻을 수 있는 파동을 발생시키니 당신의 인생을 더욱 풍요롭게 해줄 것이다.

2장

돈을
불려주는
생활습관

돈은 우리하기 나름이다.

13.

금전운을 타고 났다고 생각하라

'나는 돈에 관한 한 정말 운이 좋아!'

'나는 금전운을 타고 났어!'

이렇게 스스로를 타이르거나 자각하게 되면 당신 곁으로 재운을 부르는 신이 다가올 것이다.

복을 부르는 것은 당신의 말과 행동, 그리고 사고방식이다. 돈도 마찬가지로, 자신을 불러주는 사람을 찾아간다.

반대로 입버릇처럼 '돈복이 없다.' 고 말하거나 그런 생각에 사로잡혀 있다 보면 당신을 감싸고 있는 에너지가 이 '복이 없다.' 는 말과 생각에 영향을 받게 된다. 그리고 결국 재복은 달아나버리고 만다.

복으로 가득한 인생을 살고 싶다면 우선 스스로를 인정하길 바란다. 그리고 간절히 바라는 마음을 가져라. 그러면 현실은 자연히 그것을 따라오게 되어 있다.

14.

저축하는 습관을 들여라

돈의 액수와는 상관없이 돈이 들어오는 동시에 일정 금액을 저축하는 습관을 들여라. 그러면 통장 속에 돈이 차곡차곡 쌓여갈 것이다.

들어오는 액수가 클 때는 저금을 하지만, 적으면 하지 않는다. 이런 습관으로는 절대 돈을 모을 수 없다.

우선 돈의 액수와는 상관없이 무조건 들어오는 돈의 10%를 저금하자고 마음먹고 실천에 옮겨보자. 그럼 돈을 모으는 습관이 몸에 밸뿐 아니라, 그와 동시에 통장의 잔고도 자연히 불어날 것이다.

아무리 돈이 많이 들어와도 저축을 게을리 하는 사람은 결코 부자가 될 수 없다.

부자는 쓸 때는 크게 쓰지만 우선 수중에 돈을 모아 두는 것을 우선시한다. 즉 돈과 친밀한 관계를 쌓는 것을 매우 중시하는 것이다.

소위 돈이 없다고 푸념하는 사람들을 보면, 대부분 금액의 많고 적음을 따지다 적은 돈이다 싶으면 아예 저축할 생각을 하지 않는다.

비록 적은 돈이라도 좋다. 우선 돈과 친밀한 관계를 쌓도록 하자. 그러다 보면 당신의 돈들이 친구들을 많이 불러들일 것이다.

15.

적은 돈이라도 소중히 여겨라

재복이 없다고 한탄하는 사람들을 보면 "한 달에 5만 원, 10만 원 저금한다고 별 수 있겠어?" 하며 적은 돈을 무시한다. 그리고 모을 생각을 하지 않는다.

반대로 재복이 있는 사람들은 "우선 이 5만 원, 10만 원부터 저금하자!"라며 적은 돈도 아주 소중히 여긴다.

돈이 없는 사람들은 돈의 액수가 크네, 적네 하며 돈을 비판하기 일쑤이다.

그것이 재복을 달아나게 하는 행위라는 것을 모르고 말이다.

'티끌 모아 태산이다.'

적은 돈이 쌓이고 쌓여 큰돈이 되는 것을 모르는 사람들은 항상 과정을 소홀히 한다.

비록 처음은 미약할지라도 과정을 중시하는 사람은 그 과정에서 큰돈이 들어오게 된다. 그리고 결국 그로 인해 생각보다 빨리 부자가 된다!

16.

저축전용 통장을 만들어라

일단 돈을 모으기로 결심했다면 우선 저축만 하는 전용통장을 만들기 바란다.

종합계좌로 자주 넣었다 뺐다 하는 통장은 저축을 하기 위해 입금한 돈까지 자동으로 빠져나갈 위험성이 있다.

저축전용 통장을 만든다면 입금한 돈을 확실하게 보호할 수 있으니, 마음 놓고 돈을 모을 수 있다. 또 거기에는 돈이 불어나기만 하는 상승의 '기운'도 더해진다. 즉 당신의 마인드가 갖는 에너지와 습관적으로 형성된 저축의 에너지가 시너지 효과를 내 금전운이 점점 상승하는 것이다.

당신은 차곡차곡 쌓이는 통장 잔고를 보는 것만으로도 부자의 기분을 맛볼 수 있을 것이다.

17.

통장에 기분 좋은 이름을 붙여보자

금전운을 상승시키기 위해서는 무엇보다 돈을 모으는 행위를 즐겨야 한다.

돈의 에너지를 최대한 크고 긍정적인 방향으로 작용하게 해, 실제로 거금을 쥐기 위해서는 '희열'이라는 동기부여가 필요하다.

이는 바꾸어 말하자면 돈에 관한 일을 결코 고역으로 받아들여서는 안 된다는 뜻이다. 단돈 5만 원이라도 돈 버는 행위를 고통스럽게 여긴다면 그 고통은 바로 또 다른 고통을 부르고 결국 몇 배나 되는 손실을 초래하게 된다.

반대로 즐거운 마음으로 돈을 대한다면 돈도 기분

좋게 당신에게 다가올 것이다.

그러니 저축전용 통장에 바라만 봐도 기분이 좋아질 이름을 붙여보는 것은 어떨까?

참고로 나는 저축전용 통장을 개설하면 반드시 '럭셔리한 인생실현 통장', '억만장자 신화창조 통장☆', '룰루랄라 대박 터뜨리기 통장'이라는 식으로 이름을 붙이고 있다.

18.

쓰고 싶을 때 마음껏 쓸 수 있는 활력소 통장을 만들어라

앞서 말한 17번 방법은 돈을 즐겁게 모으기 위한 방법이다. 하지만 돈이란 쓰는 즐거움이 있기 때문에 더욱 열심히 벌고 모으는 기쁨을 느끼는 것이다.

그러나 저축전용 통장 외에 당신이 쓰고 싶을 때 마음껏 쓸 수 있는 '활력소 통장' 을 만들기 바란다.

나는 '마음껏 옷을 살 수 있는 패션투자용 통장', '언제든지 해외로 훌쩍 떠날 수 있는 여행자금 통장', '러브 파워를 상승시키기 위한 미용, 패션비용 통장' 등을 만들어 자투리 돈이 생길 때마다 모으고 있다.

내 인생에 빠듯하게 생활할 수 있는 최저 생계비만 있다. 상상만 해도 소름 끼치지 않는가.

우선 적은 돈이라도 좋다. 인생을 즐기기 위해 기분 좋게 쓸 수 있는 돈이 어느 정도 있다면 당신의 인생은 보다 여유로워질 것이다. 그리고 그 여유가 결국 더 큰 풍요로움을 불러올 것이다.

19.

즐겁고 기분 좋은 일에 돈을 써라

돈이 없다고 고민하는 사람에게 가장 두려운 일은 돈을 쓰는 일일 것이다.

왜냐하면 그들은 '소비한다=없어진다' 고 생각하기 때문이다.

하지만 부자들의 사고방식은 다르다. 부자들은 '소비한다=더 늘어난다' 는 마인드를 갖고 있다.

이는 '돈=에너지' 이기 때문에, 이 세상에 돈을 순환시키면 점점 불어나 결국 나에게 돌아오는 성질이 있다는 것을 그들은 아주 잘 알고 있기 때문이다.

부자가 되고 싶다면 지금 당장은 돈이 없더라도 돈을 다룰 때 부정적인 생각을 깨끗이 버려야 한다.

그런데 왜 돈이 없는 사람들은 돈을 쓰면서 죄책감을 느끼고 우울해하는 것일까?

그것은 돈이 없는데도 쓸데없는 교제에 지출을 하거나 원치 않는 일에 돈이 나가기 때문이다. 또 원치 않는 물건을 사는 일이 많기 때문이다.

하지만 아무리 사소한 일이라도 내가 기쁨을 느낄 수 있는 일에 돈을 쓸 수 있다면, 비록 내 지갑에서 돈이 나가더라도 점차 풍요로워지는 것을 느낄 수 있을 것이다.

예를 들어 나를 위해 산 장미 한 송이, 여가시간을 즐겁게 해주는 찻잔 등이 이에 해당될 것이다.

스스로 즐거움을 느낄 수 있는 쇼핑을 하거나 지출을 할 수 있는 사람은 그 즐거운 상황 속에서 돈이 들어온다.

이것이 바로 자석처럼 돈을 끌어당기는 아주 단순하고도 즐거운 금전운 법칙이다.

20.
누군가에게 선물을 보내라

남의 경사를 축하하거나 감사의 마음을 전하기 위해 작은 선물을 보내는 것, 이것도 금전운을 상승시키는 좋은 방법이다.

당신이 가진 풍요로움을 남과 함께 나누는 것만으로도 당신의 에너지는 더욱 풍요로워질 것이다. 그리고 나눈 것이 배가 되어 돌아온다.

그것은 선물을 받은 이에게서 직접 돌아오는 경우도 있지만, 전혀 상관없는 곳에서 돌아오는 경우도 있다.

우주란 풍요로움을 순환시키기 위해 끊임없이 움직이고 있다.

그렇기 때문에 당신이 호의를 갖고, 또 넉넉한 마음으로 베푼 일에 보답하듯 당신에게 돌려주는 것이다.

21.

쓸 때는 넉넉하게 써라

큰돈을 쓰면 그와 동시에 큰돈의 순환경로가 만들어진다.

자기가 소비한 것은 언젠가 자신에게 돌아오게 되어 있다. 그러므로 당신이 거금을 쓰는 것은 크게 몰아치는 파도처럼 당신에게 다가올 풍요로움을 생성시키는 것이다.

그러니 가끔 통 크게 쓰는 것도 금전운을 좋게 자극해 운수대통으로 이어지는 지름길이 된다.

22.

복스러운 미소를 지어라

내가 아는 억만장자 W씨는 과거 에비스상(역주: 일본의 칠복신 중 하나로 오른손에 낚싯대, 왼손에 도미를 안은 바다 · 어업 · 상가의 수호신)을 보고 이런 생각을 했다고 한다.

'저 얼굴은 어쩜 저렇게 복스러울까? 사람도 저런 표정을 짓고 있으면 주변 사람들이 모두 편안해져 그 사람을 따르게 되겠지.'

당시 W씨는 사업을 하고 있었기 때문에 '사람을 모으는 데는 이게 제격이다!' 라고 생각했다. 그리고 그날부터 에비스의 미소를 지으려고 신경을 썼다고 한다.

그는 에비스의 자애로운 미소와 눈빛, 호탕한 웃음소리와 넉넉한 마음씨를 닮으려 애썼다.

그러자 정말 사람들이 W씨의 주변으로, 또 W씨의 회사로 마치 자석에 이끌리듯 모이기 시작했다. 그리고 어느 날 보니 개인적으로나 사업적으로도 크게 번창해 막대한 부를 이룰 수 있었다고 한다.

나중에 보니 W씨의 얼굴은 마치 태어날 때부터 에비스의 미소를 띠고 있었던 것처럼 보였다.

복신은 인상이 복스러운 사람에게 다가온다.

복신이 지켜주면 풍요로움은 배가 되고, 웃음이 끊일 날이 없을 정도로 부가 점점 불어난다.

23.

부잣집에 가봐라

기회가 있으면 자기보다 훨씬 잘사는 부잣집에 놀러 가보기 바란다.

부자의 집을 돌아보고, 어떤 집에 살고 있는지 잘 살펴보면 그 사람이 잘사는 이유를 알게 될 것이다.

그 비결을 피부로 느끼고 부자의 파동을 직접 맛볼 수 있기 때문에 풍요로움을 불러들이는데 아주 제격이다.

좋은 것에 자극을 받은 사람은 자기도 그에 화답하듯 움직이기 시작한다.

본인이 의식하든 안 하든 사람은 좋은 감동과 자극을 받으면 그것이 뇌리에 깊숙이 각인된다. 그리고 자연히 같은 것을 쟁취하려고 한다.

부잣집에 가보면 방마다 청소가 아주 잘되어 있을 것이다. 구석구석이 깨끗해 바람이 잘 통하고 당연히 방의 공기가 가볍고 맑을 것이다.

그리고 눈에 들어오는 모든 것이 아름답고 거추장스러운 것이 별로 없을 것이다.

또 집주인이 소중히 여기는 물건이 있어 그것에서 풍요로운 기가 발산되는 것을 느낄 수 있을 것이다.

그것들은 결국 보는 이에게 풍요로운 기를 느끼게 해준다.

부잣집에서는 답답하고 빈곤하고, 진부한 기운을 느끼기란 힘들 것이다.

3장

돈을 배로 불려주는 우주의 법칙

돈은 당신의 풍요로운
라이프스타일을 사랑한다

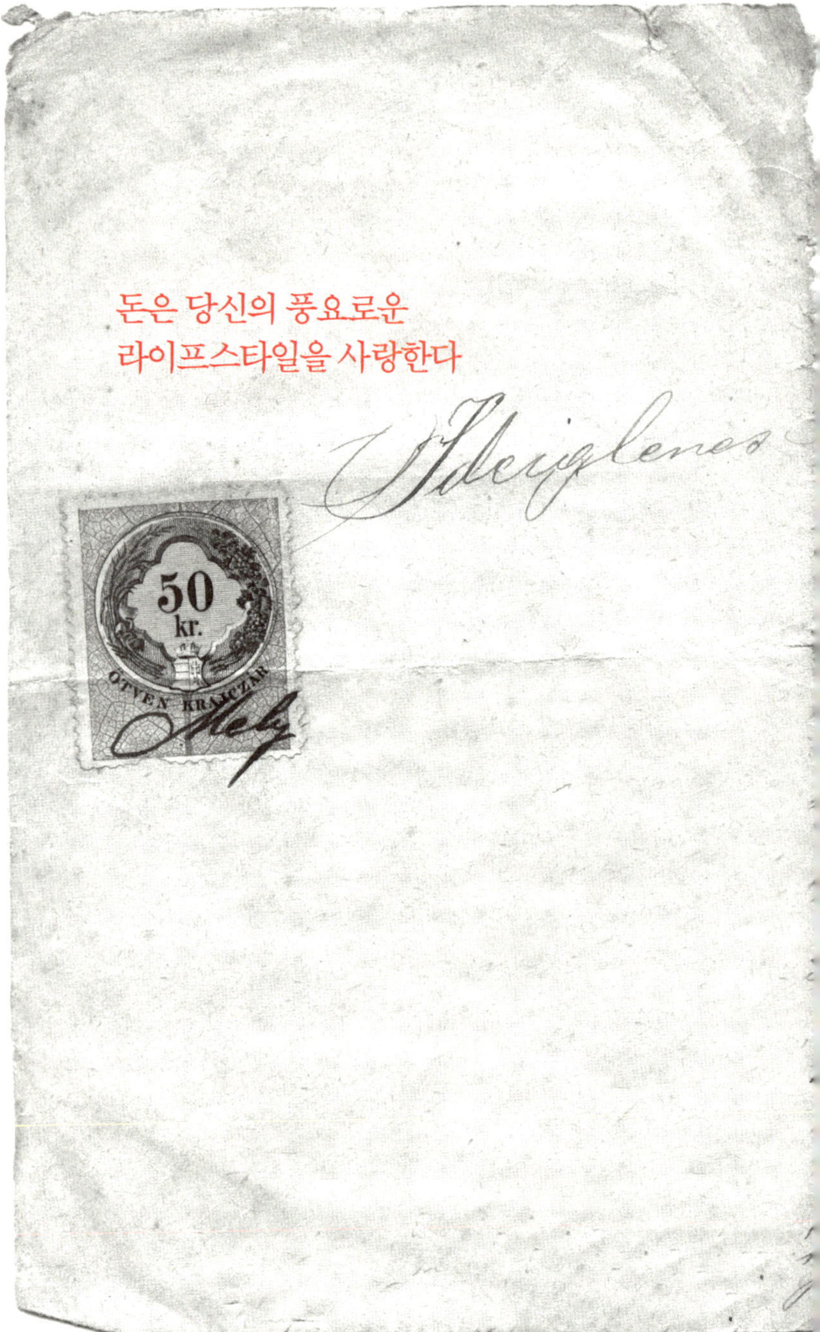

24.

운이 좋다고 생각되는 일을 세어보라

아무리 사소한 것이라도 좋으니 '운이 좋다', '복 받았다' 고 생각되는 일들을 한번 세어보기 바란다.

그리고 감사하는 마음을 갖자. 그러다 보면 마음이 충만해질 것이며, 그 감정이 더 큰 복을 불러올 것이다.

'이제 충분하다' 는 생각을 가지면 당신 안에 있는 부유한 에너지가 활발하게 발생할 것이다. 그리고 그 에너지가 당신을 더욱 풍요로운 길로 인도해줄 것이다.

항상 '이것이 없다', '저것이 없다' 며 나에게 없는 것만 생각하는 사람은 '만족' 이라는 기분을 맛볼 수 없다. 그러니 언제까지고 풍요로움과는 거리가 먼 인생을 살게 되는 것이다.

'있다', '없다' 라는 것은 그 사람이 어느 정도의 양을 갖고 있느냐라는 실제 상황이 아니라, 그 사람이 사물을 받아들이는 마음가짐에 좌우되는 것이다.

25.

돈을 순환시켜라

돈은 항상 흐르는 유동성을 갖고 있다. 그러므로 결코 한 장소에만 머물러 있지 않다. 하지만 그것은 돈이 갖고 있는 매우 자연스러운 성질이므로, 크게 들어왔을 때 그게 바깥으로 돌리는 순환구조를 만들어 두자. 그러면 나중에 더 큰돈이 들어오게 된다.

재복이 없는 사람은 돈을 바깥으로 돌린다거나 순환시킨다고 하면 '쓴다' = '없어진다', '바깥으로 돌린다', '순환시킨다' = '플러스', '마이너스', '제로' 라는 식으로 생각한다. 하지만 우주의 법칙은 그렇지 않다.

우주의 법칙에서는 '쓴다', '바깥으로 돌린다', '순환시킨다' 가 곧 '번다', '안으로 들어온다', '배가 되어 풍요로워진다' 는 의미를 갖는다.

부는 당신이라는 풍요로운 기를 가진 순환장치를 통과할 때 그 장치 안에 있는 풍요로움과 반응한다. 이때는 부를 넘칠 정도로 발생시키면서 반응하기 때문에, 당신 안에 자연히 부가 쌓이게 된다. 그리고 그 돈이 점점 순환하게 된다.

다 쓰지 못할 정도로 넘치게 돈이 들어올 것이니, 줄어들기는커녕 쌓이는 재미만 맛보게 될 것이다!

26.

넘칠 정도의 돈을 꿈꿔라

잠재의식의 위력으로 부를 축적하는 방법을 전 세계로 전파하고 있는 조셉 머피(Joseph Murphy) 박사는 원하는 돈을 얻을 수 있는 비결에 대해 이렇게 조언했다.

'간신히 먹고 살 수 있는 돈을 원하지 말고, 써도 써도 남을 정도의 액수를 원해라.'

'누구 눈치 볼 것 없이 갖고 싶은 만큼 원해라.'

그 이유는 당신의 잠재의식(당신의 마음속 깊은 곳에 깔린 진심)은 언제나 당신이 강하게 생각하는 것에 반응해 그런 현실을 가져다주기 때문이다.

"돈은 먹고 살 만큼만 있으면 된다."

이런 말을 하는 사람은 얼핏 보기에는 욕심이 없고

관대하게 보일 수 있다. 하지만 그것은 '지금의 힘든 현실' 을 애써 정당화시키는데 불과하다.

그럴듯하게 들릴 수도 있지만, 오히려 우주의 진리를 거스르고 있는 것이다.

우주는 당신이 원하는 것이라면 무엇이든 주고자 지금도 바쁘게 움직이고 있다.

27.

큰 숫자를 좋아하라

부자가 되고 싶다면 큰 숫자를 좋아하자.

특히 받고 싶은 연봉을 생각할 때도 생각만 해도 '이런 큰돈이 있으면 얼마나 좋을까.' 라며 가슴이 두근거릴 정도로 큰 금액을 꿈꿔야 한다.

거금은 원대한 희망에서 나오는 것이다.

원하는 것이 주어지는 것일 뿐인데 지레 겁을 먹고 '그렇게 허황된 꿈을 꿔도 소용없어.' 라며 작은 돈에만 만족해서는 결국 거금을 쥘 수 있는 기회는 당신에게서 점점 멀어질 것이다.

28.

원하는 액수를 확실히 정하라

일전에 세미나가 끝난 후 한 남자분이 내게 다가 와 이렇게 말했다.

"저도 나미 씨처럼 억만장자가 되고 싶습니다."

그래서 내가 "부자가 되고 싶으세요?"라고 묻자 그는 1초도 망설이지 않고 "네, 되고 싶습니다."라고 대답했다.

나는 그에게 이렇게 물었다.

"그럼 우선 얼마가 갖고 싶은지 말해 보세요."

그러자 그는 "우선은 한 천만 원 정도면 좋을 것 같습니다."라고 말하는 것이었다.

이것은 정말 모순이다.

억만장자가 되고 싶다면 처음부터 억 단위의 돈을 목표로 삼아야 하지 않는가!

천만 원은 거쳐 가는 과정이지 목표로 삼아서는 안 된다.

처음부터 억 단위의 돈을 원한 사람만이 억 단위의 돈을 손에 쥘 수 있다. 이것이 바로 우주의 법칙이다.

29.

돈을 쓸 때의 마음가짐이 중요하다

재복이 많은 사람과 그렇지 않은 사람들을 보면 큰 차이점이 있다. 그 중 하나가 '돈을 쓸 때의 마음가짐이 다르다'는 것이다.

부자가 될 소양을 가진 사람들은 아주 기분 좋게 돈을 쓴다. 돈을 써서 원하는 것을 얻는다는 만족감 때문에 지불을 할 때에도 기분이 매우 상쾌하다.

반대로 좀처럼 생활이 펴지 않는 사람들을 보면 아무리 예전부터 갖고 싶었던 것을 겨우 갖게 되어도 돈을 쓰면서 상실감부터 맛본다.

특히 자신을 위해 돈을 쓸 때에는 사치라도 한 것 같은 죄책감에 빠진다.

그것은 돈을 쓰는 행위가 곧 죄악이라는 관념이 머릿속 깊이 박혀 있기 때문이다.

부자가 되고 싶다면 돈을 벌 때나 쓸 때나 항상 기쁜 마음을 가져야 한다.

돈에 대해 부정적인 이미지를 씻어내는 만큼 당신의 금전운이 상승한다는 것을 잊지 말기 바란다.

30.

돈이 들어왔을 때의 마음가짐도 중요하다

정말 지지리도 재복이 없다는 사람들을 보면 참 이상하게도 수중에 돈이 들어와도 푸념부터 한다. 왜냐하면 돈 나갈 걱정 때문이다.

그들은 수중에 돈이 들어온 것을 기뻐하고 감사하기는커녕 이런 걱정들을 한다.

'어차피 ○○로 빠져나가겠지.'

'들어와도 결국 빠져나갈 건데 무슨 소용이야.'

'이 정도 돈으로는 별 도움이 안 돼. 얼마 안 가 또 부족해질걸.'

예상치도 않은 수입이 생겼다면 재복이 있는 사람들은 당연히 '와, 재수 좋네. 생각지도 않은 돈이 들어왔어' 라며 기뻐한다. 그런데 재복이 없는 사람들은 '이렇게 공돈이 생기다니 누구한테 사기당하는 거 아냐? 무슨 나쁜 일이 생기는 거 아냐?' 하며 불안에 떤다.

돈이 들어왔을 때에는 순수하게 기뻐하고 그 돈을 소중히 여겨라. 그리고 감사하는 마음을 가지길 바란다. 그것만으로 충분하다. 그럼 돈은 그 후에도 끊임없이 들어올 것이다.

4장

돈을 자석처럼 끌어당기는 사고방식

돈은 당신의 "긍정적인 기운"에 이끌린다.

31.

내면부터 풍요롭게 가꿔라

부자가 되고 싶다면 우선 내면을 풍요롭게 가꾸길 바란다.

풍요로운 감정을 갖고, 해야 할 일을 자발적으로 하려는 적극적인 자세를 가져라.

그리고 매사에 '나는 풍요로운 삶을 누릴 자격이 있다.'는 여유로운 마음으로 일과 사람들을 대하라.

그러면 당신 앞에 풍요로운 인생이 자연스럽게 펼쳐질 것이다.

당장 돈이 필요하거나 하루빨리 부자가 되고 싶은 사람이라면, 이 말을 듣고 '그런 뜬 구름 잡는 소리는 집어치우고 빨리 부자가 되는 구체적인 방법이나 가르쳐 주지!' 라고 생각할 것이다.

하지만 내면이 빈곤한 사람에게 풍요로운 인생이 펼쳐질 수 있을까.

무엇이든 눈에 보이는 성과는 내면을 가꾼 후에 나타나기 마련이다.

이는 예나 지금이나 변함없는 진리이다.

32.

줘도 좋은 상대와 그렇지 않은 상대를 잘 알아보라

당신이 막 부자가 되려는 단계라면 주변에서 그것을 눈치 채고 접근하는 사람들이 나타날 것이다.

"요즘 생활이 너무 힘드니 조금만 빌려 달라."

"돈 때문에 급박한 상황이다."

"조금만 변통해주면 안 될까?"

하며 말이다.

하지만 그들의 문제에 지나치게 감정이입을 해서는 안 된다.

돈을 빌려줘도 좋은 상대와 그렇지 않은 상대를 구분하지 못하면 당신은 돈과 명예, 그리고 친구, 이 모든 것을 잃게 될 것이다.

돈 때문에 항상 골머리를 앓고 있는 사람은 누구에게 매달리면 돈이 나올지 알아보는 능력만은 놀랄 만큼 뛰어나다.

게다가 그들은 대부분 당신에게 절대 돈을 빌려주지 않을 아주 치사한 작자들이다.

만약 빌려줘도 좋다고 생각한다면 '이 사람에게는 여러모로 신세를 졌으니까. 보답하는 차원에서 그냥 줘야겠다.'거나 '이 사람은 인간적으로 정말 훌륭한데 지금은 잠시 금전사정이 안 좋을 뿐이야. 그러니 어떻게든 힘이 돼줘야겠어.'라는 마음이 저절로 우러나는 상대에게 빌려줘야 한다. 진심으로 기뻐하며 도움을 줄 수 있는 상대, 손해 본다는 생각이 전혀 들지 않는 상대, 가능한 힘이 되고 싶은 상대에게만 돈을 빌려주는 것이 현명하다.

돈 귀한 줄 모르고 헤프게 쓰는 사람은 당신이 한순간의 정에 휩쓸려 돈을 빌려줘도 얼마 안 가 다시 찾아올 것이다. 왜냐하면 이런 사람들은 대부분 스스로 돈을 벌려는 노력을 하지 않기 때문이다.

33.

기생충을 멀리하라

이보다 훨씬 질이 나쁜 것이 돈 냄새가 나면 바로 달려드는 기생충 같은 사람들이다.

'이런 부탁하기에는 너무 미안한데' 라는 생각은 털끝만큼도 없으면서 그저 당신의 호주머니만을 노리는 사람들이다. 이런 사람들은 유흥이나 도박, 낭비 때문에 무일푼이 된 사람들이다. 즉 스스로 노력할 생각을 전혀 하지 않는 부류이다.

그들은 대게 이런 생각을 품고 있다.

'돈만 빌려주면 누구라도 좋다.'

'있는 놈들한테 좀 뜯어내 볼까.'

그러니 이런 낌새를 느꼈다면 망설이지 말고 이렇게

말하자.

"나에게 이 돈은 소중한 돈이고, 지금은 너한테 빌려줄 만한 여유가 없어."라고 말이다.

상대가 기생충과의 인간이라면 분명 당신에게 이렇게 말할 것이다.

"이런 치사한 자식."

"안 빌려줄 거면 ○○ 때 거는 돈으로 돌려줘!"

"예전에 내가 도와줬잖아. 배은망하다는 소리를 듣고 싶지 않으면 돈으로 성의를 보이라고."

분명 이런 협박을 하거나 눈도 꿈쩍하지 않고 폭언을 퍼부을 것이다.

그렇다고 기죽어서는 안 된다.

그가 빌려달라는 돈, 그 돈은 당신이 열심히 일해서 번 돈이니 말이다.

34.

많은 것을 받아들일 대범한 마음을 가져라

기왕 부자가 되겠다고 마음을 먹었다면 많은 것을 받아들일 수 있는 대범한 마음을 가지길 바란다.

'많은 것을 얻는다=과욕을 부리는 것' 이라고 생각하는 사람도 있겠지만 결코 그렇지 않다.

많은 것을 얻기 위해서는 우선 당신이 그만큼 통 크게 생각하고, 여러 일을 처리해야 할 필요가 있다. 결국 그에 상응하는 것을 얻어내는 것이니 이것이 정당한 대가가 아니고 무엇이겠는가.

35.

부유한 기분을 만끽하라

부유한 기분을 만끽할 수 있는 장소에 가거나 그런 기분을 맛볼 수 있는 것을 보고 접하라. 그리고 부유한 기분을 맛볼 수 있는 물건을 사보자. 그럼 '부유한 것'이란 어떤 것인지 피부에 와 닿을 것이다.

일류 호텔에서 식사나 숙박을 하거나, 고상한 그림이나 미술품을 보고, 고가의 보석이나 시계, 명품을 사는 등등 부유한 기분이란 이렇게 직접 누려봐야 느낄 수 있고, 자기 것으로 만들 수 있다.

부유한 것을 누려보는 기쁨, 그것을 꼭 다시 한 번 누려보고 싶다고 느낀 자만이 그 부유한 생활을 자기 것으로 만들 수 있다.

36.

'괜찮아, 잘될거야.'라는 믿음을 가져라

돈이 없다고 불안, 초조해하거나 걱정하는 것은 아무 도움이 되지 않는다. 오히려 당신을 혼란스럽게 해 상황을 더욱 악화시킬 뿐이다.

그럴 때는 일단 침착하게 "괜찮아. 잘될 거야!"라고 외쳐보자.

이 말은 정말 엄청난 위력을 갖고 있다. 어디에선가 돈을 불러오기 때문이다.

그 힘 덕분에 나도 얼마나 많은 금전적 위기를 헤쳐나갔는지 모른다.

"괜찮아. 잘될 거야!"

이렇게 힘껏 외쳐보자.

그럼 내 힘이 닿지 않는 곳에 있는 에너지에 지원군이 몰려와 힘을 보태줄 것이다.

그리고 당신은 위기 상황을 순조롭게 벗어나게 될 것이다.

37.

럭셔리 라이프를 머릿속에 그려보라

금전적으로 풍족한 삶을 살기 원한다면 돈다발만 생각하지 말고 그 돈이 이뤄줄 당신의 이상적인 삶을 한 번 그려보자. 마치 그림을 그리듯 마음속 캔버스에 말이다.

그럼 마음속에 그린 것이 강한 욕구가 되어 당신이 변화를 일으키도록 촉구할 것이다. 그리고 그 감정의 에너지가 당신에게 금전을 가져다줄 사건을 일으킬 것이다.

38.

소원 중 하나를 먼저 이뤄봐라

럭셔리 라이프를 머릿속에 그릴 때에는 상상도 효과적이지만, 더욱 효과적인 방법이 있다. 그것은 부자들이 반드시 집에 하나쯤 갖추고 있을 만한 '럭셔리 라이프의 상징물'을 하나 사서 집에 두는 것이다.

나는 그 부의 상징으로(어디까지나 내 개인적인 생각이지만) 샹들리에와 대리석 테이블, 피아노를 구입했다.

그것도 금전적으로 그리 여유가 없을 때 장만한 것이다.

실은 피아노는 치지도 못한다.

그런데 얼마 안 가 정말 신기한 일이 벌어지기 시작했다.

내 수입이 두 배로 오른 것이다!

정말 분야를 막론하고 돈이 될 만한 일이 마구 들어오기 시작했다.

그리고 얼마 안 가 나는 목표금액을 달성하게 되었다.

39.

최상의 것을 접하라

자수성가한 사람들을 만나면 흔히 이런 말을 한다.

"가급적 최상의 것을 접하세요."

"기왕이면 무엇이든 일류, 좋은 것을 쓰세요."

그렇게 하면 최상의 것이 갖고 있는 특유의 기운이 당신을 일류의 길로 이끌어줄 것이다.

40.

최고의 가게를 이용하라

앞서 말한 지침을 가르쳐 준 억만장자는 평소에 이용하는 가게에 대해서도 이런 지론을 갖고 있었다.

"가장 좋은 가게를 이용할 것."

"일류로서 인정받고, 가장 성공한 사람들이 드나드는 가게를 이용할 것."

그는 최고의 가게는 손님을 대하는 태도부터가 다르니 그것을 충분히 누려보고 느껴보는 것이 중요하다고 말했다.

그리고 일류 매장에서 최상의 대접을 받는 즐거움을 느끼게 되면 성공을 빨리 쟁취할 수 있고, 생각보다 빨리 부를 축적할 수 있다는 것이었다.

실제로 그런 가게를 다녀보면 고객층부터가 일반 매장과 전혀 다르다.

그리고 거기에서 우연히 만난 사람들과 알고 지내다 보면 생각지도 않게 함께 일을 할 기회를 잡을 수도 있다.

41.

우선 내 경기부터 좋게 하라

아무리 세상이 불경기라고 해도 그것에 안주하고 인상을 찌푸리거나 푸념해서는 안 된다.

그러다 보면 당신의 금전사정도 그에 동화되어 힘을 잃기 때문이다.

진정한 부자라면 세상 경기가 아무리 안 좋아도 별 영향을 받지 않는다. 대기업이나 큰 가게가 문을 닫건, 동종업계 사람들이 위기에 몰리건 꿈쩍도 않는다.

실은 그것도 나름 이유가 있다. 진정한 부자들은 경기가 나빠지는 낌새를 조금이라도 알아차리면 바로 대처하기 때문이다.

그러니 남들 눈에는 항상 일이 잘되는 것처럼 보이는 것이다.

그들에게는 어떤 불경기에도 굳건히 버티는 저력이 있다.

42.

활기차게 생활하라

호경기를 누리고 싶다면 우선 활기차게 생활하자.

내면적으로나 가정 내, 직장에서 활기차게 생활하다 보면 경기를 회복시키는 에너지가 발생한다. 활기차게 생활하기 위한 방법에는 이런 것들이 있다.

'긍정적인 말을 한다.'

'긍정적인 생각을 한다.'

'경쾌하게 움직인다.'

'일정 기간 동안 집중적으로 에너지를 쏟아 붓는다.'

이런 것을 실천하다 보면 당신의 일과 인생, 그리고 금전운은 눈에 띄게 향상될 것이다.

43.

기필코 내 것이 된다는 믿음을 가져라

큰일이나 돈, 성공을 원한다면 과연 그것이 내 것이 될까 라며 의심하거나 걱정해서는 안 된다.

그 대신에 '분명 내 것이 된다.'는 믿음을 갖고 지금 내 눈앞에 있는 일, 해야 할 일에 집중하자.

확신을 갖고 무언가에 전력투구하면 결과는 반드시 나오게 되어 있다.

44.

철저한 긍정주의자가 되어라

'나도 부자가 되고 싶어!'

'부유한 삶을 쟁취하고 말 거야!'

'행복한 억만장자가 되겠어!'

이렇게 부자가 되기로 결심했다면 항상 가슴속에 새겨두고 생활해야 한다.

절대

'역시 나는 안 되는 걸까.'

'부자가 되긴 틀린 거 같아.'

위와 같이 부정적인 생각을 품어서는 안 된다.

매사에 긍정적인 생각을 갖고 생활하는 사람만이 부를 자기 것으로 만들 수 있다.

사소한 일에 일희일비하다가는 아무것도 얻을 수 없다.

확고한 신념을 가진 자만이 그에 걸맞는 생활을 누릴 자격이 있다.

45.

두 눈으로 럭셔리 라이프의 비전을 보라

당신이 꿈꾸는 럭셔리 라이프를 실현하는데 자극제가 될 만한 것이 있다면, 그것을 항상 곁에 두도록 하자.

예를 들어 고급 외제차의 팸플릿이나 고가의 보석 사진, 꼭 살아보고 싶은 호화저택을 다룬 건축 잡지, 성공한 사람들이 모이는 파티용 드레스 등등…….

이런 것을 눈에 잘 띄는 곳에 두거나 붙여두고 보면 좋은 자극을 받게 된다. 그리고 그 자극은 잠재의식으로 작용해 당신을 긍정적인 방향으로 이끌어줄 것이다.

46.

부의 보물창고를 자극하라

살면서 감동할 만한 일이 많으면, 그 감동적이고 풍요로운 기운이 자연의 흐름을 타고 당신 앞에 자주 나타날 것이다.

감동적인 음악이나 영화, 사람들과의 감동적인 대화, 성공담 등은 '그래, 나도 오늘부터 열심히 살아보자!' 는 의욕을 북돋아준다. 그러니 이런 것들을 가능한 많이 접하고 자기 것으로 만들기 바란다.

그럼 당신의 내면에서 큰 에너지가 샘솟아, 당신을 풍요롭고 순조로운 삶으로 이끌어줄 것이다!

5장

금전적 위기를 벗어나기 위한 감정 조절법

돈은 당신의 감정변화에
민감하게 반응한다.

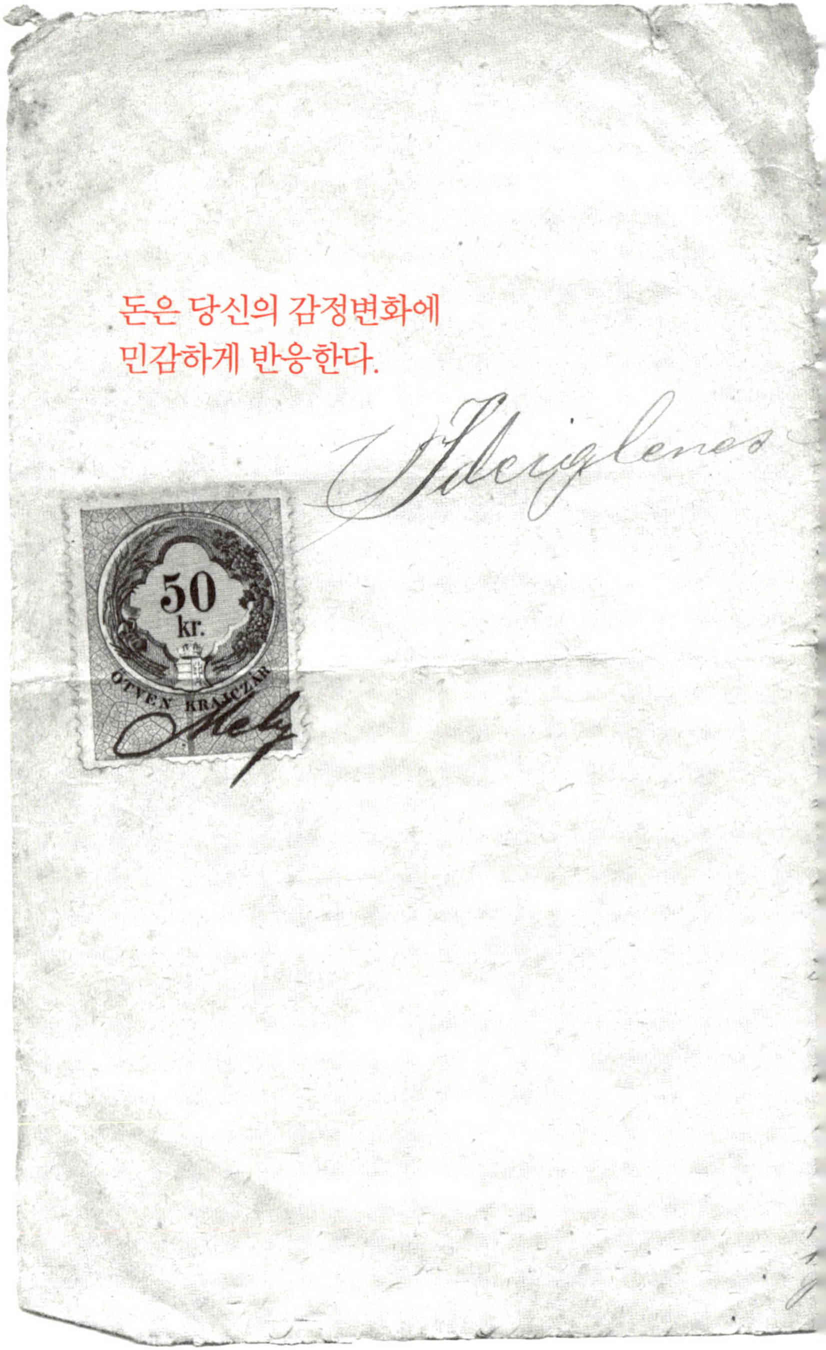

47.

돈 걱정은 일단 접어두자

수중에 돈이 없을 때 그 상황을 빨리 극복하고 돈을 들어오게 하고 싶다면 우선 돈 걱정을 접어둬야 한다.

걱정을 하는 것은 얼핏 보기에는 그 상황을 해결하기 위해 안간힘을 쓰는 것처럼 보이지만, 실상은 그렇지 않다. 오히려 사태를 더욱 악화시키는 요인이 된다.

왜냐하면 우주란 당신이 무슨 생각을 하는지 항상 주시하고, 당신이 강하게 의식하는 것, 오랫동안 생각하고 있는 것을 현실로 만들기 때문이다.

즉 돈이 없을 때 돈이 없다고 머리를 싸매고 있는 것은 바꾸어 말하면 그 돈이 없는 상태에 계속 정신을 집중시키고 있는 것이다. 이렇게 정신을 집중시킨 곳에

쌓인 부정적인 기운은 금전사정을 더욱 안 좋은 쪽으로 몰아간다.

그러니 돈이 없을 때에는 그 걱정을 떨쳐버리고 이런 식으로 생각을 전환시켜보자.

'돈이 들어오면 얼마나 안심이 될까.'

이렇게 긍정적인 방향으로 정신을 집중시키고 있다 보면 그동안 당신을 짓누르던 어두운 그림자는 사라질 것이다. 그리고 긍정적인 에너지가 당신에게 금전적 여유를 가져다주기 위해 전폭적으로 지원할 것이다. 그러다 보면 금전문제는 어느새 해결되어 있을 것이다.

48.

돈에 너무 집착하지 말라

돈은 자기에게 지나치게 집착하는 사람을 멀리 하려는 성질을 갖고 있다.

쫓아다니거나 애걸복걸한다.

이것은 뒤집어보면 '없으니까 갖고 싶다.'는 결핍의 감정으로 가득 찼다는 증거이다.

부족함을 느껴 무언가를 얻으려 해도 이때 얻을 수 있는 것은 허무함뿐이지 아무것도 채워지지 않는다.

결코 돈에 눈이 멀어서는 안 된다.

돈은 할 일을 하면 필연적으로 따라오게 되어 있으니 그것을 믿고 매사에 임하도록 하자.

그럼 돈은 자연히 따라오게 되어 있다.

내 안으로 들어온다는 확신이 있는 곳에는 결코 갈증과 의심이 생길 수 없다. 당신의 확신대로 돈이 들어오는 현실만이 있을 뿐이다.

49.
무거운 짐을 내려놓아라

인생을 살면서 뭔가 정신적으로나 육체적, 경제적으로 짐스럽게 느껴지는 일, 지나치게 애를 먹이는 문제가 있다면 그것을 놓아버려라.

그럼 당신의 삶을 짓누르던 것이 사라져 재복도 술술 들어오게 될 것이다.

당신이 정신적으로나 육체적으로 감당하기 힘든 일을 오랫동안 끌어안고 있다 보면 당신 안에 있는 에너지의 흐름이 정체될 수 있다. 그러다 보면 그것이 응어리져 당신을 더욱 무겁게 짓누르게 된다.

그곳에는 결국 고통에 몸부림치는 기운만이 가득해, 여유로운 마음이 자리 잡을 여지가 없다.

너무 짐스러운 것을 하나 둘, 또는 잠시라도 내려놓는다면 그것만으로도 여유가 생길 것이다.

그때 당신에게 도움이 되는 여유의 증표가 돈이나 그 밖의 갖가지 형태로 돌아올 것이다.

50.

돈에 관해서는 좋은 말만 하라

돈과 오랫동안 사이좋게, 좋은 인연을 유지하고 싶다면 결코 돈에 대해 나쁜 말을 해서는 안 된다.

돈은 사람의 감정에 매우 민감하게 반응한다. 마치 살아 있는 인간처럼 당신의 마음속을 들여다보고 태도를 바꾼다.

돈은 마치 이성친구와도 같다. 당신이 돈에 대해 욕을 하거나 이 정도 돈은 별 도움이 안 된다고 과소평가를 하며 감사하는 마음을 갖지 않는다면 어떻게 될까? 돈은 당신에게 미움을 받는다는 생각에 점점 먼 곳으로 떠나갈 것이다.

세상만사가 다 그렇지만 소중히 여기는 것만이 당신

곁에 남는다. 돈도 마찬가지이다.

그러니 돈을 소중히 여기고 사랑한다고 말하라, 소중히 여기겠다고 약속하라.

그리고 내 곁에 있어 줘서 얼마나 도움이 되는지 모른다며 감사하라.

그럼 돈은 그 사랑에 대한 보답으로 당신 곁으로 점점 다가오게 될 것이다.

51.

절대 '돈이 없다'는 말을 하지 마라

주머니 사정이 어떻든 "돈이 없다."는 말을 절대 입 밖으로 내서는 안 된다.

말은 현실을 변화시키는 위력을 갖고 있다.

설령 돈이 없을 때라도 "돈이 없다."는 말을 계속 하면 당신의 귀와 세포, 피부, 뇌, 잠재의식, 이 모든 것들이 듣고 있다가 더욱 그런 상황으로 몰아가기 위해 활발하게 움직일 것이다.

52.

생활 속에서 '가난'이라는 말을 추방하자

아무리 생활이 어려워도 또는 그렇지 않아도, 또는 농담이라도, '가난'이라는 말을 평소에 사용하지 않도록 주의하자.

왜냐하면 이 말이 발산하는 에너지는 당신을 점점 무기력하게 하는 엄청난 파동을 갖고 있기 때문이다.

'가난'

이 말을 습관적으로 사용하다 보면 설사 재복이 들어온다 하더라도 빈곤함에 기가 눌려 점차 결핍된 상태에 빠지게 된다.

그러니 농담이라도 이 말은 해서는 안 된다.

'가난'이라는 말을 자주 사용한다는 것은 그만큼 가

난하다는 생각에 지배를 받고 있다는 증거이다. 결국 자기 손으로 현실을 망치는 것이다.

53.

손해 본다는 생각을 버려라

돈과 관련된 것이든 무관한 것이든 '손해 봤다!' 는 생각에 너무 연연하지 않도록 하자.

손해 봤다는 피해의식, 과거 자신이 한 일에 대한 후회, 손실에 대한 분노의 감정, 이런 것들은 당신이 풍요로움을 향해 다가가는 것을 막는 에너지가 된다. 그리고 사사건건 당신이 하는 일을 방해한다.

이미 끝난 일에 집착할수록 돈이 들어오는 회로는 차단된다.

실제로 손해를 본대다 그에 대한 집착으로 굴러들어오는 재복까지 차버린다. 이만큼 어리석은 일도 없을 것이다.

만일 금전적인 손실을 봤다면 인생 공부를 했다고 생각하고 집착을 버리길 바란다. 집착을 버리고 전진하는 곳에 풍요로운 경제적 부활이 당신을 기다리고 있을 것이다.

54.

아까워하는 마음을 버려라

누군가를 위한 일, 자신을 위한 일을 할 때도 그렇지만, '아깝다' 고 생각하는 것은 금물이다.

'아낌없이 주는 것'

이것이 바로 풍요로움을 누릴 수 있는 가장 쉬운 방법이기 때문이다.

남에게 무언가를 넉넉하게 주었을 때 그 풍요로움은 돌고 돌아 당신에게 돌아올 것이다.

55.
감정의 기복을 없애라

감정의 기복이 심하고 정서적으로 불안할 때에는 외적 상황도 불안해진다.

감정이 가진 에너지는 당신을 좌지우지할 힘을 갖고 있어 현실 또한 그렇게 변화시킨다.

기쁨이나 즐거움, 설렘과 같은 긍정적인 감정은 긍정적인 현상을 빚어낸다.

반대로 분노와 질투, 너무나도 격한 슬픔과 같은 부정적인 감정은 파괴적인 현상으로 이어진다.

금전운을 상승시키고 싶다면, 편안한 상태에서 당신의 심신, 그리고 당신을 둘러싼 환경 속에서 긍정적인 에너지가 잘 흐르고 있어야 한다.

그러니 경제적인 풍요로움을 안정적으로 얻고 싶다면, 우선 감정의 기복을 없애길 바란다.

그리고 편안한 심리상태를 유지하는 것, 이 점을 명심해야 할 것이다.

56.

마음을 편히 가져라

부자가 되고 싶다면 평소부터 가능한 온화하고 충만한 마음으로 생활하기 바란다.

평화롭고 안정된 심리상태는 마음을 풍요롭게 해주며 당신 주변에서 항상 좋은 일이 일어나게 한다.

당신이 내적으로 안정된 상태라면 그 내면을 거울로 비추듯이 점차 외적인 부분과 금전 문제도 안정되기 시작할 것이다.

온화하고 안정된 상태에서는 무슨 일을 해도 일이 순조롭게 성사되기 마련이다.

57.

분노하지 말라

감정에도 여러 종류가 있지만 그중에서 가장 주의해야 하는 것이 바로 '분노'라는 감정이다.

분노란 내면에 축적되는 성질을 갖고 있다. 그리고 그렇게 쌓이고 쌓인 분노는 언젠가 폭발하는 파괴력을 갖고 있다.

당신의 내면에 분노의 감정이 들끓고 있으면 그 파괴력 때문에 매사에 좋은 상태를 유지하기 힘들다.

특히 재복은 분노의 마음, 앙심을 품은 사람을 피하는 성질이 있으니 주의하자.

이런 속담이 있다.

'부자는 싸움을 하지 않는다.'

이 말처럼 풍요로움의 본질을 내면으로 느끼고 사소한 일에 화를 내지 않는다면 풍요로운 삶을 쉽게 이룩할 수 있을 것이다. 그리고 이렇게 풍요로운 환경 속에서 부유한 사람들과 넉넉하게 돈을 벌고 생활한다면 정신적 평화도 찾아올 것이다.

그곳에는 돈 걱정을 하는 사람은 없다. 그저 풍요로움이 확산되고 끝없이 순환될 뿐이다.

58.

불평 · 불만의 원인을 찾아라

불평 · 불만이란 한번 입 밖으로 내면 눈덩이처럼 불어나 상황을 더욱 악화시키는 성질을 갖고 있다.

밖으로 분출하지 않으면 견딜 수 없는 불평 · 불만의 에너지는 상황을 더욱 꼬이게 한다.

불평 · 불만스러운 일이 있다면 우선 무엇 때문에 그런 것인지, 그 원인을 확인해보길 바란다.

남의 행동 때문일까? 무슨 일 때문에 이렇게 기분이 나쁜 것일까?

내가 공연히 짜증을 내고 있는 것은 아닐까?

객관적으로 따져보고, '별것 아니다.' 라는 생각이 들면 일일이 화를 내지 않고, 너그럽게 넘길 수 있게 된다. 그러면 에너지를 쉽게 조절할 수 있어 당신의 주변 사정과 금전사정이 점차 좋은 방향으로 개선될 것이다.

그리고 이것만은 기억해두자.

가난의 기운은 투덜투덜 불평 · 불만이 많은 사람, 입을 삐죽이며 고개 숙인 자를 아주 좋아해, 한번 달라붙으면 찰거머리처럼 떨어지지 않는다는 것을 말이다.

가난의 신은 한번 붙으면 불평 · 불만 정도로 끝나지 않는다. 이 신은 꼭 돈으로 벌을 주기 때문에 부자가 되고 싶다면 불평 · 불만의 마음을 버려야 한다. 절대 불평 · 불만을 하는데 힘을 허비해서는 안 된다.

59.

목적에 맞게 돈을 써라

자녀를 위해 마련한 돈이나 집안 행사(관혼상제)에 쓸 돈, 그리고 누군가에게 갚아야 할 돈은 어떤 목적을 가진 돈이다. 그러니 꼭 그 목적에 맞게 사용하자.

목적을 완전하게 달성하지 않은 돈은 언젠가 다시 필요해진다. 그러니 다른 곳에 돈을 쓴다면 당신은 그 돈을 새로 마련하느라 애를 먹게 될 것이다.

자기소임을 다한 돈은 일단은 사라진다. 하지만 또 다른 기회를 갖고 당신 앞에 다시 나타날 것이다.

60.

회사나 사장을 욕하지 마라

당신에게 월급을 주는 사람, 생활비를 벌어다 주는 남편이나 배우자, 그리고 필요한 돈의 출처인 회사나 조직을 절대 욕하지 마라.

당신이 그들을 비판하거나 욕을 하면 상대방도 그것을 눈치 채고, 당신에게 돈을 주려는 생각이 싹 사라질 것이다.

사람이란 감사하는 마음을 잊으면 무엇이든 나쁘게 말하는 습성이 있다.

감사하는 마음을 저버린 이는 재복도 달아난다.

당신에게 월급을 주는 회사와 당신을 고용한 사장이 있었기에 필요한 돈이 매달 착착 들어오는 것이다.

그러니 그 액수와는 상관없이 우선 감사하는 마음을 가져라.

그렇게 생각할 수 있는 넉넉한 마음을 갖게 되면, 왜 그런지 몰라도 월급도 올라가고 승진을 하는 등 금전사정도 점차 좋아질 것이다.

개선을 원한다면 불평하거나 비난할 것이 아니라, 우선 감사하는 마음을 갖도록 하자.

61.

그만두는 회사에도 감사하라

'이런 회사, 당장 때려 치고 싶다!'

'정말 지긋지긋하다.'

설령 이런 생각이 들 만한 회사에 다녔다 해도, 그만둘 때에는 감사하는 마음을 갖도록 하자.

당신이 그 회사에 좋지 않은 감정을 갖고 있다 해도, 분명 그 회사에 신세를 지고 경제적인 도움을 받았을 것이다.

그것을 망각하고 회사에 대해 좋지 않은 일만 곱씹는다면 다음에 들어가는 곳에서도 똑같은 일을 당하게 될 것이다.

어떤 사정이 있었다 하더라도 내가 받은 것에 대해

감사하는 행위는 당신의 주변을 밝게 만드는 힘을 갖고 있다.

그렇게 감사하는 마음, 밝은 마음으로 회사를 그만둘 수 있다면, 다음에 들어가는 회사는 감사와 감동으로 가득한 곳이 될 것이다.

62.

자신의 수입을 한탄하지 말라

남들과 비교하며 내 수입을 비관할 필요는 없다.

한숨짓지 말고, 희망적으로 긍정적인 미래를 기대하고 있으면, 꿈꾸던 삶을 누릴 수 있기 때문이다.

게다가 지금 당신이 액수가 적다며 푸념하고 있는 그 돈은 당신이 아침 일찍부터 밤늦게까지 열심히 일해서 번 돈이다. 그러니 그 노동의 가치를 스스로 인정하고 칭찬하기 바란다.

사람은 칭찬을 받으면 더욱 크게 보답하려는 마음을 갖는다. 더욱 좋은 것을 창조할 수 있는 힘을 발휘하게 되는 것이다.

특히 돈을 버는 일에 관해서는 즐겁게 일하지 않고

는 결코 좋은 성과를 얻을 수 없다. 그러니 부지런히 일하고 있는 자신을 칭찬하고 격려해 더욱 신바람 나게 일하도록 하자.

63.

금전운 상승법을 실천하라

지금부터 금전에 관한 좋은 징크스나 운수대통의 비법을 적극적으로 실천해보길 바란다!

당신이 운이 좋았던 일을 진심으로 기뻐하다 보면, 그 일이 점점 신순환 작용을 하게 된다. 그리고 운수가 점점 대통하니 웃음이 끊이지 않게 된다!

- 손바닥에 금가루처럼 반짝이는 가루가 붙어 있다.
- 집 안 벽 등에 형광등 같은 빛줄기가 어렴풋이 보인다.
- 손바닥이 가렵다 등등.

이것은 생각지도 않은 수입이 생기거나 거금이 들어올 징조이다.

이런 일들을 기뻐하며 스스로 동기부여를 잘하는 사람은 징크스나 이런 비법을 잘 활용해 돈을 불러들이는 달인이 된다.

64.

내키지 않는 일에는 돈을 쓰지 말라

아무리 예전부터 갖고 싶었던 것이나 남들이 권유해도 그 돈을 쓸 때 마음이 개운치 않다면 잠시 보류하도록 하자.

또 비겐세일로 가격이 많이 떨어졌어도, 갖고 있지 않으면 창피할 것 같아도 망설여진다면 일단 지갑을 닫아두자.

금전운은 어떤 마음으로 돈을 다루느냐에 따라 크게 좌우된다.

예를 들어 돈을 쓰는데 마음이 내키지 않는다는 것은 그 후 금전사정에 어떤 변화가 일어날 것을 예감했다는 것으로 그 예감이 돈을 쓰지 않도록 말리는 것이다. 이런 것은 그 시기만 지나면 아무 거리낌없이 사거나 기분 좋게 쓸 수 있는 것이니 잠시만 보류하자.

돈과 돈독한 관계를 유지하기 위해서는 일종의 거부감이나 불안한 마음이 들 때, 또는 망설여질 때에는 우선 지갑을 단단히 닫아두는 것이 좋다.

이런 신중한 판단은 시시각각 당신의 금전사정을 지켜줄 것이다.

65.

'돈을 뜯겼다'는 피해의식을 갖지 말라

정말 원해서 산 물건이 아닌 경우에는 그것이 비싼 것일수록 후회가 크다.

영업사원의 꼬임에 넘어가 사게 된 물건이나 교제상 어쩔 수 없이 산 물건이라 해도 사겠다고 결심을 한 것은 결국 나 자신이다. 그러니 이 점을 잊어서는 안 된다.

누가 당신의 돈을 빼앗은 것도, 강제로 쓰게 한 것도 아니다.

당신이 계약서에 도장을 찍거나 물건을 샀다면 나름대로 사정이나 조건을 따져보고 할 만하다는 생각이 들었기에 결정한 것이다. 그러니 '저 인간에게 돈을 뜯겼다.' 는 피해의식을 갖는 것은 좋지 않다.

강한 피해의식을 갖다 보면 더 큰 금전적 손실을 입게 된다. 그러니 '결국 내가 결정해서 산거야. 잊어버리자' 라며 깨끗하게 잊도록 하자.

앞으로 그것을 교훈 삼아 현명하게 돈을 쓰는 방법을 배우면 되는 것이다.

부자가 되는 사람들은 보통 사람들보다 이런 일을 교훈으로 잘 살린다. 그렇기 때문에 결국 무엇에, 어떻게, 어떤 의도와 마음을 갖고 돈을 다루면 되는지 매우 잘 아는 것이다.

돈과의 관계, 결국 아는 만큼 잘 쌓을 수 있다.

66.

내 이기심으로 움직이려 하지 마라

인생을 살면서 매사에 일이나 인간관계, 금전문제도 그렇지만, 자기만을 위한 이기심으로 뭔가를 조작하거나 편법을 쓴다면 재복은 순식간에 달아난다.

이기심은 너도 모르게 마음을 가난하게 한다. 정말 무섭게도 말이다.

6장

평생
재복을 누리기 위한
부자의 수칙

돈은 긍정적 이야기와
배포가 큰 사람을 좋아한다!

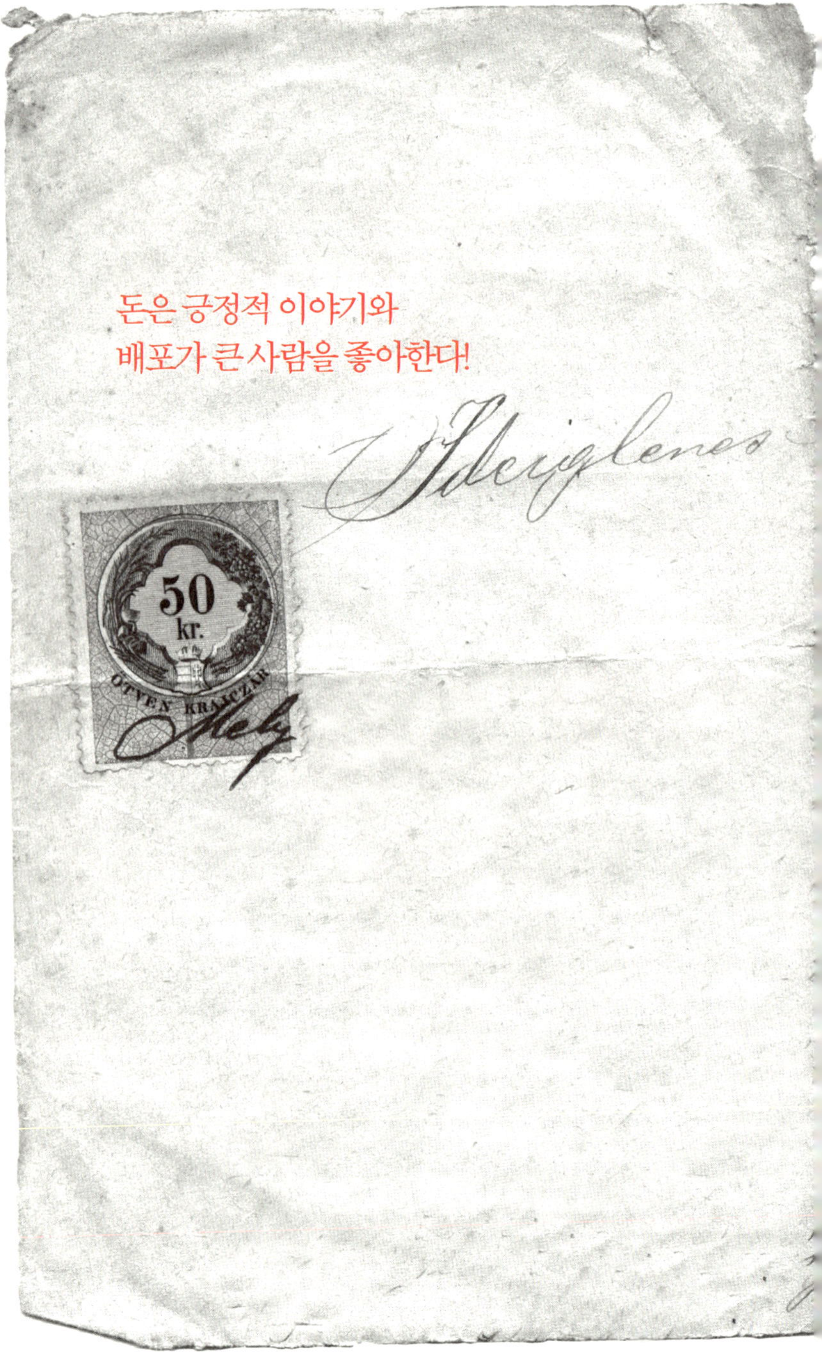

67.

잘 나가는 사람들의 이야기에 귀 기울여라

남들의 성공담을 기뻐하며 듣자. 속 좁게 시기, 질투를 한다면 재복은 멀리 달아나버리고 만다.

남들이 돈을 많이 번다는 소식이 당신의 귀에 들어오거나 누군가가 그 소식을 전해준다는 것은 당신도 그들과 똑같이 될 수 있다는 행운의 예고이다. 즉 당신에게서 매우 강력한 금기('2. 금빛 찬란한 생활을 하라' 참조)가 발생하고 있다는 증거인 것이다.

동종업계 사람의 이야기는 물론, 비록 다른 분야 사람의 성공담일지라도 거기에는 성공과 부의 법칙이 반드시 담겨 있기 마련이다.

그리고 대부호가 되는 가장 좋은 힌트는 당신이 남

의 성공을 마치 자기 일처럼 기뻐하고 귀담아 듣고 있을 때 확실하게 제시된다.

반대로 남의 일이라며 건성으로 듣거나 시기, 질투하는 마음으로 듣고 있다 보면 거금을 쟁취할 힌트가 보일 리 만무하다.

68.

벌고자 하는 굳센 의지를 가져라

당신이 할 것인가, 말 것인가 망설이고 있을 때에는 아무 일도 일어나지 않는다.

하지만 일단 '나도 10억을 벌고 만다!' 고 의욕적으로 결심해 보자.

그럼 당신을 돕기라도 하듯 갖가지 비즈니스 정보나 돈벌이가 되는 무수한 기회가 찾아올 것이다. 그야말로 돈줄이 열리기 시작하는 것이다!

우주는 무한한 보물창고 속에 잠들어 있는 부를 간절히 원하는 이에게 가져다주려고 한다.

하지만 손을 드는 이가 없다면 주고 싶어도 줄 수가 없다.

"나 여기 있어."라며 손들고 있다는 것을 강한 결심의 힘으로 보여주자.

그럼 얼마 안 가 신기하리만큼 금전운이 상승할 것이다.

69.

성공한 사람들과 손을 잡아라

부를 얻는 가장 쉬운 방법은 당신이 성공한다면 더할 나위가 없겠지만, 아직 그 전이라면 당신보다 한발 앞서 성공한 이들과 손을 잡아라.

또 당신이 이미 성공한 상황이라면 당신보다 훨씬 더 크게 성공한 이들과 손을 잡아라. 그럼 그 풍요로움은 더욱 커질 것이다.

아직 경제적으로 성공하기 전인데 성공한 이들에게 어떻게 다가갈 수 있을까?

우선 그들과 같은 마인드를 가져야 한다.

즉 위험부담을 감수하고라도 자발적으로 움직여야 한다. 그리고 확실한 성공 비전을 가져라. 그럼 비록 지금은 가진 것이 없을지라도 성공한 사람들이 당신을 돕기 위해 나설 것이다.

왜냐하면 성공한 사람들은 이런 사람들이 반드시 성공한다는 것을 잘 알고 있기 때문이다. 그렇기에 그들은 더욱 보람을 느끼는 것이다.

성공한 사람들은 누군가에게 도움을 주는 것으로 자신의 마음과 부의 가치가 배가 된다는 것을 잘 알고 있다.

70.
스스로를 귀한 인물이라고 여겨라

큰 부를 축적하고 싶다면 우선 이렇게 생각하자.

'나는 억만장자가 될 가치가 있다.'

우선 이렇게 자각하고 스스로를 인정해야 한다.

왜냐하면 가치를 느낄 수 없는 것은 가치를 창출할 수도 없기 때문이다.

재산이라는 경제적인 부를 확실하게 쟁취하고 싶다면 우선 자신을 귀하게 여겨라. 우주의 무한한 보물창고를 자유자재로 움직일 수 있는 귀한 인물이라고 말이다. 그러면 그 신념에 맞장구를 치듯 당신이 귀한 인물이라는 인식이 사방에 퍼질 것이다. 그리고 점차 그에 걸맞은 대접, 그에 걸맞은 보수를 받게 될 것이다.

71.

때를 잘 잡아라

부유한 삶을 누리기 위해서는 우선 운이 좋아야 한다.

운이 좋은 사람이란 때를 잘 잡는 사람을 말한다.

때를 잘 잡기 위해서는 머릿속에 떠오른 아이디어와 결심한 것을 즉각 행동으로 옮기는 실천력이 필요하다.

운이 좋은 사람들은 습관적으로 머릿속에 떠오른 것을 바로 행동으로 옮긴다. 그렇기 때문에 눈에 보이지 않는 생각을 남들보다 빨리 실현시킬 수 있는 것이다.

'그냥 단순히 떠오른 생각이니까.' 라며 '머릿속에 떠올랐다고 바로 움직이는 것은 너무 경솔하다.' 는 식으로 재고 따지다 보면 버스는 이미 떠난 후이다.

머릿속에 떠오른 생각이나 아이디어는 마치 상하기 쉬운 날 생선과도 같다. 그러니 바로 먹어버리지 않으면 상해버린다.

72.

무슨 일이든 즐기면서 하라

무슨 일이든 기분 좋게 즐기면서 하고 있다 보면 당신 안에 있는 긍정적인 에너지가 단숨에 고조, 확산될 것이다. 그리고 당신의 금전운도 순식간에 상승할 것이다.

돈이란 풍요로운 기의 에너지가 전환된 것이다.

만약 그 에너지가 당신이 일을 하고 있을 때 발생한 것이라면, 그것은 자연히 돈으로 연결될 것이다.

긍정적인 에너지가 돈을 만들어낸다는 것을 모르는 사람들은 항상 피곤에 절어 있다. 그렇게 무기력한 상태로는 재복이 붙으려야 붙을 수 없다.

73.

억만장자가 된다는 확신을 가져라

지금부터 억만장자가 되는 것을 마치 월말에 통장에 월급이 입금되는 것처럼 당연하게 여겨라.

뭔가 진정으로 원하는 것이 있을 때 그것이 나에게 오는 것, 실현되는 것을 당연하다고 생각하자. 아무 의심 없이 그런 확신을 갖고 있다 보면 현실은 자연히 그것을 따라가게 되어 있다.

74.

대범하게 생각하라

큰 성공이나 부는 대범한 생각과 비전을 가진 사람을 찾아온다.

그러니 당신이 할 수 있는 일, 하고 싶은 일, 얻고 싶은 것을 과감하게 그려보도록 하자. 주저하고 있다가는 당신의 기운은 위축되기 마련이다.

에너지는 부풀어나고 자유로운 것을 좋아하는 성질을 갖고 있다. 그 성질을 잘 활용하는 것만으로도 에너지는 긍정적인 현상을 쉽게 빚어낸다.

거대한 스케일이 발산하는 대범한 에너지를 느껴보자. 그러면 얼마 안 가 당신에게 큰 변화가 찾아올 것이다.

75.

거금과 친숙해져라

거금을 손에 쥐고 싶다면 거금을 다루는 일을 두려워해서는 안 된다.

사람은 두려워하는 것을 멀리 하는 습성이 있다.

'나는 얼마나 많은 논을 벌 수 있을까?'

지금 생각난 금액을 각자 종이에 적어보도록 하자.

쉽게 쓸 수 있는 금액, 설레는 마음으로 쓴 금액, 망설이며 쓴 금액, 이 정도는 어렵겠지라고 생각하며 쓴 금액 등등 여러 가지가 있을 것이다.

이 중에서 가장 쉽게 손에 쥘 수 있는 금액은 당신이 망설이지 않고, 기분 좋게, 설레는 마음으로, 또 희망찬 마음으로 쓴 금액이다.

그 금액은 언젠가 당신이 쟁취할 수 있는 것이다. 또 그것을 끝이 아닌, 더 크게 비약하기 위한 발판이라고 생각하기 바란다.

76.

아낌없이 에너지를 쏟아 부어라

원하는 부를 확실하게 얻고 싶다면, 당신의 생각과 행동에 한동안 에너지를 집중시켜보자.

모든 일이 그렇지만 무언가를 실현하기 위해서는 변화가 필요하며, 또 그에 걸맞은 에너지가 필요하다.

부를 축적하고 싶다면 풍요로운 사고를 하고 그에 걸맞은 행동을 해야 한다.

무슨 일이든 변화가 생길 때까지는 아낌없이 에너지를 쏟아 부어야 한다. 그러다 보면, 그 에너지가 힘을 발휘해 현실을 변화시킨다.

77.

호화스러운 기분을 충분히 누려봐라

특별대우나 호사스러운 기분을 충분히 누려보자.

그것이 주는 부유한 만족감은 당신이 그것을 당연하다고 느낄수록 당신의 것이 된다.

무엇이든 즐겁고 우아한 체험은 당신의 삶 속에서 그런 요소를 점차 늘리는 힘을 갖고 있다.

78.
돈의 노예가 되지 말라

진정으로 부자가 되고 싶다면 지나치게 돈에 연연해서는 안 된다.

그렇다면 내가 하는 일로 어떻게 거금을 쟁취할 수 있을까?

그것은 기쁘고 설레는 마음으로 그 일을 즐기면 된다. 기쁜 마음으로 일을 즐기다 보면 일을 더욱 알차게 할 수 있다. 그뿐 아니라 하면 할수록 충만함, 즉 보람을 느낄 수 있어 당신의 내면에서 파워가 샘솟게 된다. 그러니 남들보다도 일을 더욱 잘할 수 있게 되는 것이다,

당신이 일에 쏟는 에너지가 양질이고 스케일이 큰

것일수록, 그것은 거금이 되어 당신에게 돌아온다.

부자들이 흔히 "내가 잘하면 돈은 따라오게 되어 있다."는 말을 하는데, 바로 이걸 두고 하는 말이 아닐까.

79.

높은 영감을 가져라

높은 영감을 갖고 있으면 우주와 쉽게 통하게 되어 우주의 풍요로운 기운을 쉽게 받아들일 수 있다.

'높은 영감을 갖는다.'

이것은 예민하게 반응하고 지나치게 신경을 쓴다는 의미가 아니다. 오히려 그 반대로, 마음의 문을 항상 열어두고 그 무엇에도 얽매이지 않은 상태를 말한다.

마음을 어지럽히는 잡념을 버릴수록 당신은 자연히 무(無)의 상태가 될 것이다. 그럼 신의 계시가 되는 영감을 잘 받아들일 수 있게 된다.

이는 즉 우주가 보내는 신호를 쉽게 수신할 수 있는 상태이다.

당신이 이렇게 귀한 것을 수신하고 받아들일 수 있는 고요한 상태에 있는 것, 이것이 진정으로 영롱한 상태이며, 영감이 높아진 상태이다.

80.

금전적 여유를 가져라

언제나 금전적으로 여유로운 상태를 만들도록 노력하자.

무슨 일이든 아등바등하고 아슬아슬한 상태로는 그에 대한 불안과 걱정 때문에 제 실력을 발휘하기 힘들다.

아무리 적다해도 조금이라도 여유로운 상태를 만들어두면 더 큰 여유를 만들어내는 것은 그리 어려운 일이 아니다.

81.

돈을 갖고 있는 상태를 유지하라

돈은 외로움을 많이 탄다. 그렇기 때문에 친구들이 많이 모여 있는 곳으로 가려는 습성을 갖고 있다.

당신이 '돈을 가진 상황'을 유지할수록 돈은 자연히 당신에게 다가올 것이다.

그리고 사람들이나 우주도 돈을 가진 이에게 좀 더 줘도 좋다는 생각에 돈을 몰아준다.

왜냐하면 당신이 금전적으로 여유로운 상태여야 남들도 안심할 수 있고 희망을 가지며, 우주도 그만큼 보람을 느끼기 때문이다.

82.

목표금액을 확실히 정해둬라

원하는 금액을 '가능하면 이 정도면 좋겠다.'는 식으로 애매모호하게 생각하지 말자.

기왕이면 '무슨 일이 있어도 이 금액은 꼭 손에 쥔다!'는 확고한 의지를 갖고 목표를 정하기 바란다.

목표금액에 대한 의지가 굳건한 신념이 되면, 그 돈을 쥐게 되는 것은 시간문제이다.

왜냐하면 의지를 확고하게 굳히는 순간 그것을 실현하려는 강력한 에너지가 발산되기 때문이다.

83.

지금의 연봉을 월수입으로 만들어라

부자가 되고 싶은가. 그렇다면 월수입에서 5만 원, 10만 원을 올리는 것을 목표로 삼지 말고, 지금의 연봉을 월수입으로 버는 것을 목표로 삼기 바란다.

연봉을 한 달 월급으로 받는다. 생각만 해도 짜릿하지 않은가?

하지만 이는 꼭 꿈만은 아니다.

이것을 실현시키는 방법은 바로 자신의 가치를 향상시키는 것이다.

"나는 연봉을 월수입으로 벌만한 가치가 있다."

이 말을 당당하게 할 수 있을 정도로 말이다.

84.

일을
사랑하라

자신의 직업과 일에 애정을 갖자. 그럼 일은 당신에게 반드시 보답할 것이다.

사랑하는 당신을 위해 더 큰 성공을 이루게 하는 것이다.

어떤 일을 할 때 애정을 갖고 하면 그곳에서는 고차원의 에너지가 교류하기 시작한다. 그리고 우주는 당신에게 더 큰 부를 가져다주려고 움직일 것이다.

7장

금전운의 신을 내편으로 만드는 방법

돈은 언제나 덕이 있는 자를 응원한다.

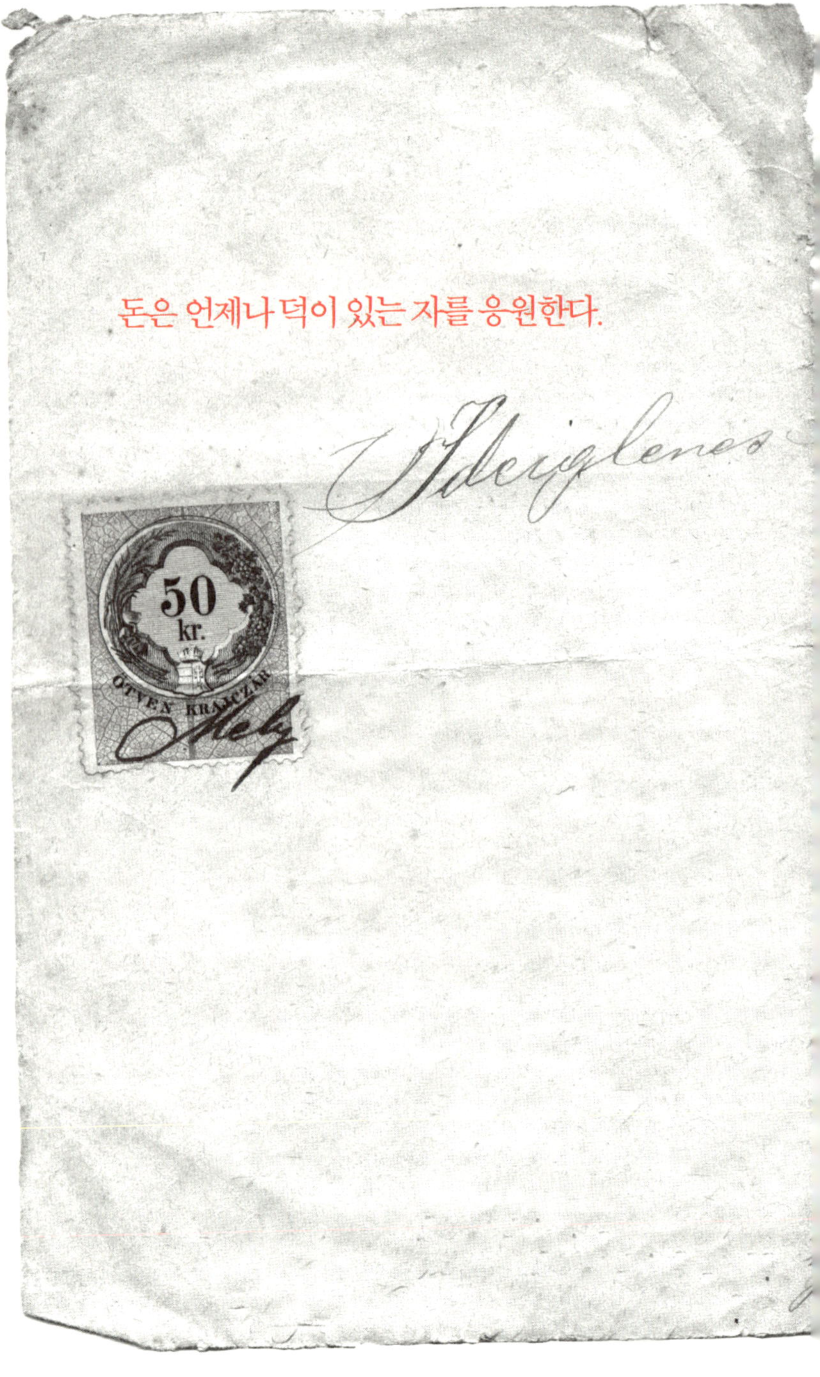

85.

좋아하는 일을 하라

돈은 내가 좋아하고 있는 일을 하고 있을 때 가장 잘 들어온다.

인간이란 자기가 좋아하는 일을 하고 있을 때 가장 희열을 느끼고 즐거워한다. 그렇기 때문에 시간과 에너지를 기꺼이 투자하는 것이다.

아낌없이 시간과 에너지를 쏟은 일은 필연적으로 큰 성과를 가져다준다.

86.
돈에게 사랑하는 마음을 전하라

돈에게 사랑받으며 여유롭고 풍족한 인생을 누리고 싶다면 돈에게 진심을 담아 이렇게 전하자.

'사랑한다.'

만약 "그 정도까지는 아닌데. 낯간지럽게 웬 사랑?"이라고 말한다면, 돈은 "뭐야, 그런 거였어?"라며 기분이 상할 것이다. 그리고 당신에게서 점점 멀어질 것이다.

돈은 사람의 의식이 가장 많이 반영되는 것이다. 그러므로 당신이 어떤 감정을 갖고 돈을 다루느냐가 매우 중요하다.

돈은 마치 이성친구와도 같아 싫어하는 마음을 갖거

나 소홀히 대하면 점점 멀어져 간다. 반대로 사랑을 주고 소중히 여긴다면 결코 당신을 외면하지 않을 것이다.

87.

신의 시험을 피하지 말라

당신이 '부자가 되고 말겠어.' 라고 굳게 결심했다면 신은 바로 당신에게 큰일을 맡길 것이다.

그때는 분명 감당하기 힘든 일이 맡겨질 것이다. 그런데 당신이 그걸 견디지 못하고 거부하거나 도망친다면, 금전운의 신은 당신을 의욕 없는 자라고 간주하고 그 일을 거두어들일 것이다.

부자가 되고 싶어 하는 당신에게 보낸 첫 선물이라는 것을 모르고, 복을 제 발로 찬 셈이다.

하지만 진심으로 '반드시 부자가 되겠어!' 라는 확신을 갖고 있는 사람은 그것이 단순히 성가신 일이 아니라 좋은 기회가 찾아왔다는 것을 바로 눈치 챈다. 그리고 모든 것을 감수해내려고 애쓴다.

그렇다면 억만장자가 되는 것은 시간문제이다.

88.

가난의 신에게 배워라

선천적으로 어둡고 우울한 사고방식을 갖는 사람들은 안 좋은 기억만을 계속 곱씹는다. 그리고 손해 본 일에 대해 끝없이 불평, 불만을 늘어놓거나 남의 부유함을 시기, 질투한다.

가난의 신은 그런 사람에게 집요하게 달라붙어, 그가 가진 돈과 부유함을 한꺼번에 앗아가 버린다.

왜냐하면 가난의 신은 그런 사람들 속에 들어가 있는 것이 너무 편안하기 때문이다.

반대로 밝고 명랑한 사람의 속은 마치 가시방석과도 같아 바로 빠져나간다.

부자가 되고 싶다면 이 가난의 신을 얼씬 못 하게 해

야 한다.

그런데 가난의 신을 왜 신(神)이라고 부르는 것일까? 그것은 가난한 상태에서도 우리에게 돈에 관한 교훈을 일깨워 주는 존재이기 때문이다.

89.

고통 속에서 교훈을 찾아라

당신을 괴롭히는 사람이나 사건은 당신에게 가장 좋은 것을 주기 위해 일부로 그런 일을 하는 경우가 있다. 그곳에는 수많은 깨달음과 당신을 인간적으로 성장시키기 위한 교훈이 있다.

막상 힘든 일이 일어났을 때에는 너무 괴로운 나머지 당신에게 피해를 끼친 사람을 역귀(疫鬼)처럼 여길 것이다. 하지만 그 사람도 결국 당신을 성장시키기 위한 요소이다.

사람들은 역귀가 붙은 후에 비로소 자기에게 왜 그런 나쁜 일이 일어났는지 그 이유를 깨닫는다.

즉 당신에게 사귀지 않아도 좋을 사람, 떨쳐내야 할

액, 개선시켜야 할 사안이 있다는 것을 알게 되는 것이다.

당신이 너무 부정적인 생각만 하고 있으면 역귀는 편안함을 느낄 것이다. 그리고 당신에게서 떨어지려 하지 않을 것이다.

그러니 우선 긍정적인 마음으로 생활하자.

그럼 역귀는 결코 당신의 풍요로운 인생을 방해할 수 없을 것이다.

90.

감사하는 마음을 가져라

"고맙습니다."

"덕분에 편안히 잘 지냅니다."

이런 말을 평소에 사용하다 보면 표정도 온화해지고 마음도 편안해진다. 그리고 자비심이 생긴다.

감사하는 마음은 사람을 겸손하게 만든다. 그러므로 이런 것을 실천하다 보면 얼굴이 부처같이 자비로워지고 행동도 넉넉해질 것이다.

부처와 같은 사람은 바로 알아볼 수 있다.

모든 이가 그 사람을 바라보는 것만으로도 마음이 편안해지고 위안을 얻게 된다. 그리고 절로 눈물이 흘러나올 것이다.

91.

덕을 쌓아라

'덕을 쌓는다.' 고 하면 흔히들 대단한 인격자나 성인을 떠올릴 것이다.

하지만 여기에서 말하는 덕은 그리 거창한 것이 아니다.

덕이란 누군가에게 따뜻한 말을 건네는 것,
따뜻한 눈빛으로 바라보는 것,
누군가를 칭찬하거나 축복하는 것,
격려하고 응원하는 것이다.

덕이란 이렇게 작은 행동을 통해 사람들의 마음에 빛을 비춰주다 보면 자연히 쌓이는 것이다.

덕이 점점 쌓이다 보면 그 쌓인 양에 비례해 기적이

일어난다.

덕은 어떠한 형태로든 풍요로운 부가 되어 당신에게 돌아올 것이다.

92.

남을 도와라

어려움을 겪는 이에게 살짝 도움의 손길을 건네는 것만으로도 큰 도움이 된다는 것을 안다면, 또 도움을 줘야겠다고 생각했다면 바로 행동으로 옮기자.

결코 무리를 하려거나 부담스러운 일을 해야 한다는 것이 아니다. 우선은 '이 정도쯤이야.' 라며 가벼운 마음으로 할 수 있는 일부터 시작해보자.

그럼 그곳에는 사랑과 풍요의 파동이 발생해 당신에게 도움받은 이들이 점차 활기를 되찾게 될 것이다.

이렇게 당신이 아무런 대가를 바라지 않고 준 도움은 하늘이 알아서 보답을 해줄 것이다.

또 다른 풍요로움으로 말이다.

93.

스스로를 구원하라

어떤 상처나 고통, 슬픔을 안고 있다면 당신 안에 있는 에너지가 제대로 기능하기 힘들다.

풍요로운 삶을 누리고 싶다면 당신의 에너지가 제대로 힘을 발휘할 수 있도록 재빨리 내면의 상처를 치유하기 바란다.

스스로를 구원하고 회복시킨다면 당신 안에 잠재되어 있던 생명력과 창조력이 회생할 것이다. 이런 능력이 부활되면 재복이 부활되는 것도 시간문제이다.

94.

자아실현이 기본이다

자아실현이야말로 당신이 이 세상에 태어난 최대의 사명이다.

사람들은 각자의 역할을 갖고 이 세상에 태어났다.

내면에 잠재된 장점을 잘 발휘할 수 있도록 자발적으로 움직이는 것만으로도, 또 즐겁게 일하는 것만으로도 재복은 알아서 당신을 찾아오게 되어 있다.

95.

타인의 영혼을 밝게 비춰라

남의 지위나 명예, 재산을 부러워하기만 하는 인생은 허무하다.

그런 일시적인 자극 때문에 무언가를 얻는다 해도 허무할 뿐더러 오래 갈 수도 없다.

하지만 남들이 기뻐할 만한 일, 마음이 밝아질 만한 일, 활기를 되찾을 만한 일을 한다면 그들의 영혼이 다시 힘을 얻고 활발히 움직이기 시작할 것이다. 그리고 당신의 주변에서 온갖 풍요로움을 창조해줄 것이다.

96.

사랑과 조화에 힘쓰라

당신 안에 있는 사랑으로 사람과 사물을 감싸고 조화를 이루도록 힘써보자. 그럼 애써 뭔가를 조작하지 않아도 모든 일이 순조롭게 풀릴 것이다.

즉 당신에게 필요한 사람들이 나타나고 필요한 일이 자연히 일어나니, 결국 필요한 것을 얻을 수 있게 된다.

97.

고맙다고 인사하라

절이나 교회는 신에게 부탁하러 가는 곳이 아니다. 그러니 오늘부터는 아무리 작은 일이라도 당신이 받은 은혜를 되새기고 신에게 감사하러 가도록 하자.

그렇게 감사 인사를 드리다 보면 당신도 기쁨을 느낄 수 있고, 당신을 지켜주는 수호신, 조상들도 기뻐할 것이다.

물론 신과 우주도 아주 흡족해하며, 앞으로도 당신이 더욱 감사할 은혜를 베풀어줄 것이다.

이 감사하는 마음으로 인해 세상의 온갖 은혜가 당신을 찾아오는 기쁨을 충분히 음미하기 바란다. 그리고 인생의 진정한 풍요로움에 눈 떠보자.

그러면 마음에 평화가 찾아올 것이며, 당신 앞에는 언제나 최상의 인생이 펼쳐질 것이다.

98.

신의 선택을 받는 자가 되라

순수하고, 밝고, 기쁨으로 가득 찬 마음으로 자신의 뛰어난 소질을 살리도록 노력해보자.

그리고 긍정적인 방향으로 사고를 발전시키고, 실력을 발휘할 수 있도록 노력해보자.

이렇게 주어진 일을 열심히 하다 보면 어느 회사의 사장이나 회장뿐 아니라 신이 당신을 인정하고 선택해 줄 것이다.

다들 귀가한 밤 회사에서, 또 모두 잠든 밤 집에서, 모두 놀러 나간 동안 묵묵히 자기 할 일을 해보자.

아무도 보지 않는 것 같지만 신은 다 지켜보고 있다. 그리고 하늘에서 당신에게 스포트라이트를 비춰준다.

그 빛은 당신이 괴롭다고 느낄 때에는 전혀 보이지 않는다. 하지만 당신이 "이것이 제 한계입니다."라며 하늘을 바라보며 외쳤을 때 눈에 보이는 빛이 되어 당신을 비추기 시작할 것이다.

신은 당신이 성장할 수 있도록 최선을 다하는 모습을 지켜보고 있다.

결코 나 몰라라 하는 것이 아니다.

신은 언제나 당신 곁에서 당신이 하는 모든 일을 속속들이 알고 있다.

신은 인간이 자력으로는 더 이상 할 수 없을 때 그 위대한 힘을 보여준다.

그러니 아무 걱정마라.

신이 당신을 선택하고 저버리지 않는 이상, 사랑과 부, 번영과 성공, 축복의 길은 항상 열려 있다.

99.

신이 하려는 일을 대신하라

신은 언제나 이 세상을 양질의 에너지로 가득 채우려 한다.

그리고 그 양질의 에너지를 확대시켜 우주에 좋은 에너지를 순환시키려고 한다.

그 양질의 에너지로 가득 채우고 그것을 순환시키는 원동력은 바로 이 지상에 살아 있는 만물의 생명 성장이다.

인간들은 너무나도 잘 알고 있다. 저마다 좋은 감정의 에너지를 갖고 있어야 한다는 것, 즉 모든 이가 선량하게 생명을 영위하는 것이 이 우주를 양질의 에너지로 가득 채우고, 그것을 순환시킬 수 있는 최선의 방법이라는 것을 말이다.

그뿐만이 아니다. 인간은 그것을 이루기 위해서는 사랑하고 감사하는 마음으로, 서로 도와 모두가 풍요로워져야 한다는 것을 잘 알고 있다.

그러므로 신은 사랑과 감사의 마음으로 삶을 영위하며, 누군가에게, 또 사회에 봉사하는 사람을 칭찬하고 지켜주려 한다. 그리고 우주에 있는 온갖 유형, 또 무형의 부를 가져다준다.

100.

아무것도 바라지 마라

사랑, 성공, 부를 실현시키는 것도 그렇지만, 당신이 꿈꾸는 모든 것을 눈부신 빛 속에서 축복을 받으며 실현시키고 싶다면, 오히려 아무것도 바라지 않는 방법으로 우주에 요구해야 한다. 그러면 죽기 살기로 간청하는 것보다 빨리 소원을 이룰 수 있을 것이다.

'아무것도 바라지 않는 방법으로 요구한다.'

무슨 뜻인가 하면 그저 감사하는 마음을 바쳐 마음 속의 꿈을 키워나간다는 것이다.

상대방에게 사랑을 받고 싶다면, 이렇게 인사하자.

"신이시여, 이렇게 사랑할 수 있는 사람과 만나게 해주셔서 감사합니다. 저는 순수하고 정직하게 이 사람을 대하겠습니다. 그리고 정말 소중히 여기겠습니다. 정말 감사합니다."

그리고 성공하고 싶다면 이렇게 인사하자.

"신이시여, 저에게 즐겁게 할 수 있는 일을 내려주셔서 진심으로 감사합니다. 제 일을 통해 여러 사람에게 봉사하고 번영할 수 있게 되었습니다. 저와 관련된 모든 이들이 성공을 거둘 수 있게 해주셔서 감사합니다."

또 부를 쌓고 싶다면

"당신은 제가 이 땅에서 사는데 필요한 모든 것을 내려주셨습니다. 여기에서 이렇게 살 수 있게 해주셔서 정말 감사합니다. 모든 이들의 도움이 있었기에 제가 지금 이 자리에 있는 것입니다. 그리고 귀한 사람들과 일을 제때 만나게 해준 우주에 감사합니다. 제게 내려주신 모든 풍요로움에 감사합니다."라고 말하자.

이렇게 감사의 마음을 바칠수록 당신은 특별한 일을 하지 않아도 그 꿈을 쉽게 이룰 수 있을 것이다. 참 신기하게도 말이다.

이것은 감사의 공덕이 소원을 성취하게 해준 것이다.

실제로 당신의 신상에 아무 일이 일어나지 않았다 하더라도, 또는 아무 일이 일어나지 않고 가진 것이 없다 할지라도, 계속 빼앗기는 상황이더라도 아무것도 바라지 않고 감사하는 마음을 전해보자.

그러면 우주는 당신에게 탄복할 것이고, 그런 당신을 돕기 위해 큰 사랑으로 모든 것을 이뤄주기 시작할 것이다.

우주는 언제나 당신이 갖고 태어난 고귀한 마음을 이끌어내려 하고 있다.

그것은 당신을 너무나도 소중하고 사랑스러운 존재라고 여기기 때문이다!

감사의 마음을 담은 맺음말

좋은 것을 풍족하게 얻기 위해서는
우선 감사하는 마음을 가져야 한다.

억만장자가 되는 길은 사랑과 빛으로 가득 차 있다.

만약 지금의 생활에 불만이 있다면 아무쪼록 지금 여기에 살아 있다는 것, 소박하지만 이 생활을 꾸려나갈 수 있다는 것, 그리고 뭐니 뭐니 해도 평화롭고 안전한 이 나라에 살고 있다는 것을 떠올리고 감사하는 마음을 갖길 바란다.

그럼 당신이 누리고 있는 풍요로움에 고마움을 느끼게 될 것이다.

예를 들어 아무리 '가진 게 없다' 고 해도 당신의 방에는 추운 겨울날을 따뜻하게 지낼 수 있는 스토브가 있을 것이고, 더운 여름, 방을 시원하게 해줄 선풍기나 에

어컨이 있을 것이다. 자기 방에서 편하게 지낼 수 있는 것, 이 또한 정말 감사할 만한 일이다. 이것이 풍요가 아니고 무엇일까?

하루 세끼 밥을 먹을 수 있는 것에 감사하자. 그것도 일종의 풍요로움이다.

우리는 먼 곳에 갈 때 버스나 자동차, 전철을 탈 수 있다. 또 KTX나 비행기 등 각종 교통수단을 이용할 수 있다. 이런 것을 자유롭게 이용할 수 있기에 우리의 삶은 더욱 풍요로운 것이다.

물론 지금 생활에 불만을 가질 수도 있다. 하지만 이 생활을 영위할 수 있는 것만으로도 풍요로운 것이며, 감사할 만한 일이다.

우선 지금의 생활에 감사하자. 그것만으로도 마음이

풍요로워지고 '모든 것은 여기에 있다.'는 충만함을 느낄 수 있을 것이다.

"아니, 아무리 그렇게 말해도 가진 것이 없어요!" 하고 부정하지만 말고, 지금 내가 가진 것을 순수하게 인정하도록 하자. 이것이 바로 부자가 되는 첫걸음이다.

세상에는 비참한 생활을 하는 나라도 있다. 깨끗한 물을 마음껏 마실 수 없는 나라도 있다.

만족할 만한 것이 아무것도 없다고 해도 지금 당신에게는 건강한 육체와 사고를 할 수 있는 두뇌가 있다. 그리고 무엇이든 느낄 수 있는 마음이 있다. 또 서로 도움을 줄 수 있는 사람이 있다면 얼마든지 풍요로운 삶을 개척해나갈 수 있을 것이다.

우선 지금 가진 것에 감사하고 내가 가진 풍요로움

을 깨닫자. 그럼 세상을 바라보는 눈이 달라질 것이다. 물론 대하는 자세도 달라질 것이다.

그런 감사하는 마음과 자세로 풍요로운 삶을 살다 보면 당신의 삶에 공감하는 사람, 함께 풍요로움을 지향하는 사람, 그리고 당신의 일이라면 만사 제치고 달려올 사람들이 나타날 것이다.

돈을 가져다주는 것은 바로 인연이다. 부는 풍요로움을 알고, 갖고, 함께 나누려는 이들이 가져다주는 것이다. 그러니 항상 감사하고 풍요로운 마음으로 생활하기 바란다.

감사하는 마음이라고는 눈곱만큼도 없던 시절, 나는 너무나도 가난했다.

그러던 것이 감사하는 마음을 갖게 된 순간 도움을

줄 분들이 하나 둘씩 내 주변에 나타나기 시작했다. 그리고 여러 경제적 도움과 혜택을 받게 되었다. 바로 이 점을 당신에게 전하고 싶어 이 책을 집필하게 된 것이다.

우선 스스로의 힘으로 첫발을 내디뎌보자.
그럼 좋은 일은 필연적으로 일어나게 되어 있다.

부자가 되는 100 가지 좋은습관

1판 1쇄 발행 ‖ 2021년 1월 25일

지은이 ‖ 요시카와 나미
옮긴이 ‖ 강성욱
펴낸이 ‖ 김규현
펴낸곳 ‖ 경성라인
주　소 ‖ 경기도 고양시 일산동구 백석2동 1456-5
전　화 ‖ 031) 907-9702
팩　스 ‖ 031) 907-9703
E-mail ‖ kyungsungline@hanmail.net
등　록 ‖ 1994년 1월 15일(제311-1994-000002호)

ISBN 978-89-5564-183-7 (03320)

* 책값은 뒤표지에 있습니다.
* 경성라인은 밀라그로의 자회사입니다.
* 잘못 만들어진 책은 구입하신 곳에서 바꾸어 드립니다.